知的生きかた文庫

孔子
人間、どこまで大きくなれるか

渋沢栄一
竹内 均　編・解説

三笠書房

第一章　人生いちばんの楽しみをどこに求めるか

第二章 心に〝北極星〟を抱く人の日々の生き方

第三章 生まれもった資質にさらに磨きをかける

第四章

この心意気、この覚悟が人生の道を開く

第五章

〝一《いっ》時《とき》の恥〟にこだわって自分を小さくしてはならない

第六章 孔子流の「先憂後楽《せんゆうこうらく》」の生き方

本文デザイン・DTP▼伊延あづさ・佐藤純（アスラン編集スタジオ）

第一章

人生いちばんの楽しみをどこに求めるか

1 日々勉強してよい友をもつ、これにまさる人生の楽しみはない！

子《し》曰《いわ》く、学びて時にこれを習う。また説《よろこ》ばしからずや。朋《とも》遠方より来たるあり。また楽しからずや。人知らずして慍《いきどお》らず。また君子《くんし》ならずや。［学而《がくじ》］

この項は人の処世上最も大切な教訓であるので、これを『論語』の冒頭に掲げている。三分節に分かれ、互いに関係がないように見えるが、密接に関連している。

「学びて時にこれを習う。また説ばしからずや」とは、学問をして、それを日常生活の中でいつも自分のものとして復習練習すれば、その学んだものはすべて自分の知識となり、物我一体《ぶつがいったい》（自分以外のものと自分が一体になること）の境地に達する。これが知行合一《ちぎょうごういつ》（知識と行為は一体であるということ）である。喜ばしいことだ。

「朋遠方より来たるあり」とは同学同志の友が、近くの者だけでなく、遠い地方の人までも、自分を訪ねて来て、ともに切磋《せっさ》琢磨《たくま》すればますます進歩する。また自分が学び得たものを友に伝え、その友はさらにこれを他に伝え、転々として善を多数の人に及ぼすことができれば、これまた楽しいことではないか。

自分の学問が成就し、立派になったのに世間が認めてくれないこともあるが、人をうらまず、天をとがめず、ひたすらにその道を楽しむのは、徳の完成した君子にしてはじめてできることである。これが「人知らずして慍らず。また君子ならずや」の意味である。

◆私が文字どおり体の中へ叩《たた》き込んで実践した「最高智」！

私は今日まで『論語』のこの教訓を肝に銘じてきた。自分の尽くすべきことを尽くしさえすれば、たとえそのことが人に知られず、世間に受け入れられようが入れられまいが、いっこうに気にせず、けっして慍るとか立腹するとかいうことはせずにきたつもりである。今の若い人ははたしてどんな感想を抱くだろうか。

『論語』の教訓は簡単にこれを紙上で論評したり、またはこれを尊い教訓だとしながらも生かさずに放っておいて、敬遠主義をとり、得手勝手を言う人が多いように思われる。これは私が大いに残念に思っているところである。

孔子の教訓は、二千五百年前でも二千五百年後の今日でも変わらず実行できる、わかりやすい教えである。墨子《ぼくし》の兼愛説《けんあいせつ》、楊朱《ようしゅ》の自愛説《じあいせつ》や老子・荘子の無為説《むいせつ》などは、いかにもおもしろく感じられ、確かに真理を含んでいるに違いないが、さてこれを実行しようとすれば、どこかに差《さ》し支《つか》えを生じて行き詰まる。けれど、孔子の教えは一方にかたよらず万人が納得して実行できるものである。

（解説者・注＝「子曰く」の子は、男子の尊称で先生のこと。ここでは孔子のことを指す。また「子曰く」の読みは通常、聖賢（聖人と賢人）の発言の場合、「子のたまわく」と読むが、著者の原文どおり「子いわく」で統一する。以下もみな同じ）

2 人を選ぶとき、家族を大切にしている人は間違いない

有子《ゆうし》曰《いわ》く、その人と為《な》りや孝弟《こうてい》にして、上《かみ》を犯すことを好む者は鮮《すくな》し。上を犯すことを好まずして、乱を作《な》すことを好む者は、未《いま》だこれあらざるなり。君子《くんし》は本《もと》を務《つと》む。

本立って道生《しょう》ず。孝弟なる者は、それ仁をなすの本か。

【学而《がくじ》】

有子は孔門十哲《こうもんじゅってつ》の一人ではないが、曾子《そうし》と並ぶ賢人で、『論語』の編纂《へんさん》は有子と曾子と門人たちがやったので、特に「子」の敬称をつけている。有子の言説にははなはだ尊重すべきものがある。

そもそも人間にはどれほど知恵があっても、その知恵に親切なところがないと、その知恵は悪知悪覚となり、悪いことをして人を害し、身を損なってしまう。

そこで私は人を使うときには、知恵の多い人より人情に厚い人を選んで採用している。孝弟（父母や目上の人によく仕えること）の道をわきまえ、親兄弟を大切にする心のある人を好んで採用する。そういう人はまず安心して使うことができる。人情の厚い人、孝弟の道をわきまえた人物を集めて公務員とし会社員とすれば、けっして不始末を生じ破綻《はたん》を起こす心配はない。

本項は前後二節に分けてみるとよい。一節は首句より「未だこれあらざるなり」までで事実を述べ、二節は「君子は」より以下でその事実に対する主旨を論じたものである。

第一節の事実は右に述べたとおりで、第二節の論旨は、すべて君子が事をなすには形にとらわれず「根本」を把握すべしということ。根本さえしっかり立てば、枝葉はおのずから繁茂《はんも》するように、目上に仕え他人に交わる方法はおのずから生まれてくるものである。

3 口を飾るな、宝は自分の胸の中に積め！

子《し》曰《いわ》く、巧言令色《こうげんれいしょく》には鮮《すくな》し仁。［学而《がくじ》］

人に接するのに言語弁舌を巧みに使い飾り、あるいは顔色物腰をきれいにして、人に喜ばれようと努め、外面の体裁にだけこだわるような人は、悪意はないにしても、この種の人には不仁者《ふじんしゃ》が多いものだと断言して門人たちを戒めたものである。

この仁の一字は孔子の生命で、また『論語』二十篇《へん》の血液である。もし孔子の教訓から仁を取り去ったならば、あたかも辛味の抜けた胡椒《こしょう》と同じであろう。孔子はこの仁のために生命を捧げたほど大切なことで、孔子の一生は仁を求めて始まり、仁を行なって終わったといっても差し支えない。孔子の精神骨髄は仁の一字にあり、このゆえに孔子は仁をもって倫理の基本とすると同時に、他の一面においては政治の根本としたのである。王政王道もつまり仁から出発したものである。

実業界もまた仁をもって大もととしなければならない。仁を大もととすれば、工業に粗製濫造《そせいらんぞう》はなく、商業に詐欺違約は起こらず、商工業の道徳は高まる。愛・恕《じょ》・信・毅《き》という徳目も結局仁の変形と見てよい。要するに本項は外面を飾る人は仁者が少ないこと、そして、「剛毅木訥《ごうきぼくとつ》（意思がしっかりして無口なこと）仁に近し」の正反対であることを説いている。

世の青年を見ると、多くはこの剛毅の気性にとぼしく軟弱軽薄の傾向があり、外面はとても立派だけど内面の心理状態は空洞のように見受けられる。これでは日本の隆《りゅう》興《こう》は望めない。元来日本人は世界無比の大和魂をそなえている国民である。青年諸君よ、ますます励んで剛毅の気性を養い、進取の意気を培え。巧言令色でいささかの誠意もないような者は、真の文明国民とはいえない。

維新の三傑の随一といわれた西郷隆盛は、実に仁愛の深い同情心に富んだ人であった。その一例は、かの山岡鉄舟《てっしゅう》が江戸城からの使者となり、駿府《すんぷ》の征東総督府を訪問して参謀隆盛に面会したとき、徳川慶喜《よしのぶ》を備前藩にお預けにしようという西郷の提議に対し、山岡が不承知を唱えると、即座にその要求を入れて備前預けは取りやめとなった。

西郷は剛毅なる大丈夫《だいじょうふ》（金銭の誘惑や権威に屈しない、志の高い男）で、平生いたって寡黙だったが、実に君子の趣きがあった。薩南《さつなん》の健児三千人に担がれて明治十年に賊将となったのも、つまり仁愛に過ぎたためと見ることができる。

4 日頃の頭のトレーニングにもなる〝三省〟のすすめ！

曾子《そうし》曰《いわ》く、吾《われ》、日に三たび吾《わ》が身を省《かえり》みる。人のために謀《はか》りて忠ならざるか、朋友《ほうゆう》と交わりて信ならざるか、伝わりて習わざるか。［学而《がくじ》］

曾子が、自分の修業上の工夫として、

「私は私自身の行動を、毎日何回も怠らず振り返って観察している。それは、人のために物事を考えて自分の努力に不足な点はなかったか、友人と交際して自分の言行に不誠実な点はなかったか、また先生から学んだことを放っておき復習しなかったことはなかったか、というようにである。

このように日頃から観察反省して、忠実でなかったこと、あるいは信頼に応えなかったこと、またあるいは復習しなかったことがあったことを、必ず反省し矯正《きょうせい》に努めた」

と言っている。セルフコントロールの工夫はまさに至れり尽くせりといえる。

私は曾子のこの言葉が最もわが意を得たりと思い、一日に何回もとはいえないが、夜間床に就いたとき、その日にやったことや人に応接した言葉を回想し、人のために忠実に行動できたか、友人には信義を尽くしたか、また孔子の教訓にはずれた点はなかったかを、反省考察することにしている。もし夜間にこれをしなかったときは、翌朝に前日の行動を省察《せいさつ》することにしている。私は家族にも努めてこれを行なわせるようにしているが、今日の人にはこの心がけが少ないように見える。

人のために忠実にはかり、友人に信義を尽くし、孔子の仁道を行なうならば、人からうらまれることなく、農工商の実業家は必ずその家業は繁昌《はんじょう》するはずである。政治家は必ず国民に尊敬される。私を訪ねてくる人には、誰彼の別なく面接して、包み隠さず愚見を述べているのは、この曾子の言葉を少しでも自分自身で行なってみたいからである。

この言葉どおり実行すれば、今後その過《あやま》ちを再びしないように注意するし、行ないをつつしむうえに効果があるのはもちろんであるが、それと同時にその日その日のことが、一つひとつ記憶のうえに展開されてくるために、これを順序よく頭の中に並べて、一目で点検することができ、深い印象が頭に刻まれて自然に忘れられないようになり、記憶力を増強する効能もあるのである。

私は曾子のこの三省の実行を今日の青年諸君に特におすすめする。

5 とにかく若いうちは走りながら考えよ！

＝子曰《しいわ》く、弟子《ていし》入《い》る則《すなわ》ち孝《こう》し、出《い》づる則ち弟《てい》し、謹《つつ》しみて＝

信じ、汎《ひろ》く衆を愛して仁に親しむ。行《おこな》うて余力ある、則ち以《もっ》て文《ぶん》を学ぶ。［学而《がくじ》］

孔子の教育主義はすべて空理空論に流れず、実践を重んじると同時に、その実行の動機となる精神にも、重きを置いている。実行を先にして、次にはこれらをいろどる学芸も、余暇があれば学べといっている。

すべて人の子たる者は、入りて内にあるときは父母や年長者に孝を尽くし、出でて外にあるときは親戚先輩には敬意を失わず、大衆にも親切を尽くし、自分だけの利益をはかって人を困らせることなく、仁徳をそなえた君子《くんし》に近づいて、徳性を養うようにする。こうして人の道を実際に学び取るのが実学であり、実学が自分の身にそなわっても、学問を修めなければ聖賢の教訓に暗く、物事の道理を識《し》らず、自然に我流に陥りやすい。だから余力があれば学芸に励むようにしたいものだ。

この項でいっていることは、すべての人づき合いについてあてはまる。

私は青年時代から実学を旨として架空の大言壮語を嫌ってきた。明治六年、実業界に身を投じて以来、今日までこの方針を守っている。経済と道徳は両立できて矛盾するものではないと信じているが、今の人たちはこれを実地に行なおうとする信念と勇気がとぼしく、まことに嘆かわしいことである。自分が実行しないからといって漫然と孔子の教えを排斥して受けつけないのは、いわゆる食わず嫌いである。

6 〝学問バカ〟では本当にうまいメシは食えない！

子夏《しか》曰《いわ》く、賢《けん》を賢として色に易《か》え、父母に事《つか》えて能《よ》くその力を竭《つく》し、君に事えて能くその身を致《いた》し、朋友《ほうゆう》と交わり、言いて信あらば、未《いま》だ学ばずと曰《い》うと雖《いえど》も、吾《われ》は必ずこれを学びたりと謂《い》わん。［学而《がくじ》］

学問というものは人道のほかには存在しないというのが孔子の教えであり、実行できる実際学以外に学問はないと断言している。

宋《そう》代になると、世間離れした学者たちが四書五経（『論語』『孟子』『大学』『中庸《ちゅうよう》』

と『易経《えききょう》』『書経《しょきょう》』『詩経《しきょう》』『礼記《らいき》』『春秋《しゅんじゅう》』）の先人の説をそのまま受け継いで、『論語』を一種の文学宗教のようにしてしまい、学問と実際との間隔がしだいに広がり、ついに高遠なる空理空論を説くようになった。そしてわが国でもその弊害を受け、学問は知識人たちの学ぶものとなし、農工商の実業人はこれを敬遠し、学問は学問、実業は実業と二つに分離し、聖人の実学の精神を誤解してしまった。

孔子時代には「必ずしも書物を読むことだけが学問ではない」というように、学問と実生活とは少しも区別がない、日常実行することを書いたのが『論語』である。これでこそ『論語』が日常の教訓として価値があるわけだ。これを『聖書』のように取り扱い、考証的に研究するのはいきすぎだと思う。

この項の子夏の説もこの意味を述べている。

ある人の日常行為を見ると、賢徳の師を尊敬するのにまるで女色を好むように、父母に仕えては自分の力のあるかぎりを尽くして孝行し、君主に仕えてはよくその身を君主に捧げて忠義を尽くし、友人と交際するには誠実を旨とし、自ら口に出したことは必ず実行した。

この人は自ら謙遜《けんそん》して私はまだ学問したことがないというが、私は断じてこの人はすでに学問が完成した人だといいたい。なぜならば、以上の行ないができるのは、つまり人道の大もとをつかんでいるからだ。これができる人は役人でも商人でも農工業者でも、立派な学者以上の人といえる。実学の真面目《しんめんもく》（本来の姿）はこの点にある。

◆私が約束された将来を見切り〝清水の舞台から飛び降りた〟本当の理由

私が明治六年五月に役人を辞めてから、もっぱら経済道徳一致説を唱え、人間生活上の経済観と、人道修養上の道徳観の両立を強調したのはここである。その根源は実践的な学問で、実行さえすればそのほかに何の必要もない。架空の理論は不要だ。

私が役人を辞める決心をしたときに、上司だった井上馨《かおる》侯は、

「時機さえ来れば、野に下って思うままやるもよかろう」

と言ったが、親友であった玉乃《たまの》世履《せいり》（当時権大《ごんの》判事、後に大審院長）は、

「君は現に官界でもかなりの地位におる。将来きわめて有望なのに今辞職するのは惜しい。商人になるのは金儲《かねもう》けのためかは知らぬが、世間からは軽蔑《けいべつ》を受けて一生役人にあごで使われるだろう。ほかに方法もあるではないか」

と忠告された。私は断乎《だんこ》として答えた。

「金儲けのために役人を辞めるのではない。実業家が現在のように卑屈で世間の尊敬を受けないのは、一つは封建の残った弊害であろうが、一つは商人のやり方がよろしくないからである。欧米ではけっしてこうではない。不肖ながらこの悪習を改めるために骨を折りたい。宋の趙普《ちょうふ》は『論語』の半部で天子を輔《たす》け、半部で身を修めたといっているが、私は『論語』の半部で身を修め、半部で実業界を矯正したい。先を見ていてくれ」

それ以来、一身の行動でも事業を経営するにも、必ず『論語』の教えに従って決断を下した。

近代の英傑木戸孝允《たかよし》、伊藤博文はよく言いよく行なう人で、西郷隆盛、山県有朋《やまがたありとも》は不言実行の人、後藤象二郎《しょうじろう》や大隈重信は、よく言うが、言ったことをすべて行なうという人ではなかった。黒田清隆や江藤新平に至っては、一度言い出したことは無理でも通し抜く人であった。

実業家では岩崎弥太郎《やたろう》、古河市兵衛《いちべえ》は強硬な実業家であった。すべて何事にも論より実行だ。実行のともなわない論は、どれほど筋道の立った論でも役立たない。

7 苦言の受け取り方・生かし方で人の器は決まる！

子《し》曰《いわ》く、君子重からざれば則《すなわ》ち威《い》あらず。学も則ち固からず。忠信を主とし、己《おのれ》に如《し》かざる者を友とすることなかれ。過《あやま》ちては則ち改むるに憚《はばか》ること勿《なか》れ。［学而《がくじ》］

君子たる者は沈着に落ち着いて重厚でなければ、威厳がなくて人民を畏敬《いけい》させることができない。そして学んだ学問も堅持することもできず、物事に臨んで迷いを生じる。ゆえに君子たる者は心を重厚に、常に人に対して忠実信頼を旨として接すれば、必ず融通無碍《ゆうずうむげ》（すべてに行き渡って渋滞しないこと）に、何事も思いどおりにできる。

友は互いに切磋琢磨して学徳を成就するものであるから、なるべく自分より賢い者を選ぶのがよい。しかし自分より賢くない友は絶対に拒絶せよというのではない。自分より劣る友は、反面教師にすることもできる。そしてこういう友をも愛するのは君《くん》子《し》の美徳というものだ。

また過失のない人間はいないが、聖賢の人は過失に気がつけば直ちに改めて善に変えられるが、常人はこれに反して過失と知りつつそれを改めず、ついに悪を犯すに至る。過失のあるときは自ら勇気をふるって、ためらわずにこれを改めなければならない。

井伊大老が自分の主義主張に基づき、幕政に反対の志士梅田源次郎（雲浜《うんぴん》）、頼三樹三郎《らいみきさぶろう》などを極刑に処したり、近くは星亨《ほしとおる》が東京市会議長の職にいて、市政を独占して世の非難を浴びてもあえて意に介さないなど、みな我意を押し通したものである。その末路のみじめさは自ら招いたものである。

これに反して明治維新の功労者三条実美《さねとみ》や木戸孝允などは自説に固執せず、よく人の意見を聞いた。実業家では森村市左衛門《いちざえもん》がよい手本であった。最初は仏教信者になり、晩年キリスト教に帰依《きえ》したが、とにかく善を行なう意思の強かった人である。

8 この「三つの節度」が守れる人間に死角なし！

有子《ゆうし》曰《いわ》く、信、義に近づけば、言復《ことふ》むべきなり。恭《きょう》、礼《れい》

に近づけば、恥辱に遠ざかるなり。因《いん》もその親《しん》を失わざれば、また宗《そう》とすべきなり。［学而《がくじ》］

有子は言う。

「他人と約束したことがすべて道理にかなっていれば履行できるが、もし道理にはずれた約束ならば、実行不可能である。人を敬ってすべて節度ある礼儀にかなっていれば最上で、恥辱を受けることはない。しかし、度を越してぺこぺこすれば、かえって相手からあなどられたりする。

姻戚《いんせき》に対してもこれを節度をもって交際すれば近親でなくても、近親同様に信頼し合えるものだ。もし姻戚に対して親しみ方を間違えてしまえば、相手からあなどられ、さまざまな困難を生じる」

人と約束する場合、それがやってよいことか、はたして実行可能なことかを熟考することである。もしやって悪いこと、不可能なことならば、けっしてこれを実行することはできない。嘘つきになってしまう。無理にこれを実行すれば人道に背き法律を犯すことにもなろう。人は敬っても度を越さないことが大切なのである。そうしないと、かえって人から軽蔑されてしまう。

姻戚に対してもつき合い方を間違えれば、必ず失敗する。

典型的な例は、源頼朝《よりとも》が実弟の範頼《のりより》や義経《よしつね》を殺して、もっぱら姻戚北条《ほうじょう》氏に親しんだのがこれで、北条氏の軽侮《けいぶ》を招き、ついに子孫は全滅してしまい天下も奪われた。

豊臣秀吉の場合も、信長について江州小谷《ごうしゅうおだに》の城主浅井氏を滅ぼし、後にその娘を愛妾とした。これが淀君《よどぎみ》である。淀君が秀頼を産むに及んで、関白にまで任官した秀次《ひでつぐ》を退けて高野山で自殺させた。これはまさに礼に節度のなかった結果であり、ついにその天下を失ってしまったのである。

9
いつどんな場合でも〝水平〟に人と接しているか！

子貢《しこう》曰《いわ》く、貧《ひん》にして諂《へつら》うなく、富みて驕《おご》ることなきは、何如《いかん》と。子曰く、可なり。未《いま》だ貧にして道を楽しみ、富みて礼を好む者には若《し》かざるなりと。子貢曰く、詩《し》に云《い》う、切るがごとく磋《と》ぐがごとく琢《う》つがごとく磨くがごとしと。それこれを謂《い》うかと。子曰く、賜《し》や、始めて与《とも》に詩を言うべき已矣《のみ》。諸《これ》に往《おう》を告げて来《らい》を知るものなりと。［学而《がくじ》］

この項は子貢の質問により賢者の行ないを語り、学問道理の奥深さを説いている。これを三節に分けると、第一節は貧富に関する問答。第二節は子貢が詩を引用して学問のきわまりなさを感歎《かんたん》する。第三節は孔子が子貢の正しい理解を誉めて激励している。

子貢が質問する。

「通常の人は貧しいときは、自然に卑屈となって人にへつらい、富裕なときは、わがままになって人を眼下に見て驕慢《きょうまん》になる。ところで貧しくても人にへつらわず、富んでもおごることがないのは何如」

子貢は貧富に動かされない資質があり、しかも自ら富裕であるけれどもおごらないことに注意していて、少なからず得意な面があったので、孔子に対してこう質問したのである。

このへつらうことなくおごることもないのは、常人を超越して立派なことなのだが、これはただ卑屈驕慢の欠点がないというにすぎず、まだよく貧富に対応する道を会得したとはいえない。だから孔子は「よいだろう」と、子貢の姿勢の堅固なのはよろしいと許し、さらにその上の最善の法を示して、

「貧しいときにも道を楽しみ、心広く体すこやかなることを得、富裕なときにも礼を好んで、心善に安んじ義に従うというレベルにはもう一歩だ」

と言った。このように道と礼とを好んで楽しみ、天分（天から受けた才能）に安んずるときは、富貴に対しても貧賤《ひんせん》に対しても、自得（自分で満足）しないものはない。これを子貢が行なっている法に比べれば、さらに一段上の方法である。孔子はこれを示して、子貢の未熟さを指摘したのである。

◆もう一歩の〝念押し〟のあとにこそ人生の極致がある！

子貢はへつらうこともなくおごることもないのをもって、貧富に対する十分の工夫と思っていたのに、孔子の教示を聞いて、学問のきわまりなく、ますます考究しなければならないことを悟り、詩の『衛風淇澳《えいふうきいく》』の篇《へん》を引用して感想を述べた。

「骨や角を細工する職人がすでに切って形を整えた品に、さらに鑢《やすり》をかけてこれを磋

ぎ、玉や石を細工する職人がすでに琢って形を仕上げた品に、さらに砂石にてこれを磨くという詩があるが、すなわちこれがこのことをいったものか」

子貢は孔子の教えから、貧富に対する道のほか、学問をするうえでの工夫について深く悟るところがあって、この感嘆の語を吐いたのである。

孔子はそれを聞いて子貢の敏慧《びんけい》（機敏で知恵のあること）なことを誉めて言った。

「賜（子貢）よ、おまえははじめてともに詩経の話をするに足るものであることがわかった。おまえの聡明善悟は、たとえて言えば、往くことを教えれば、その裏の来ることを理解するものだ」

とたいへん誉めて、さらにいっそう研究しなさいと励ました。

「往と来」について亀井南溟《なんめい》（儒学者）は、「往は、已往《いおう》（過去）なり。来は、将来なり」と説明しているが、私もこの説に従いたい。

10 〝判断の目〟を曇らせていないか
無理に背伸びして

子《し》曰《いわ》く、人の己《おのれ》を知らざるを患《うれ》えず、人を知らざるを患う。【学而《がくじ》】

学問をするのは、自分の修養のためであって、人に知られるための虚栄心からやっているのではない。自分の学問が進んで人格がそなわってきたことを人が知ってくれなくても、心配することはない。自分が他人から認められないといってクヨクヨ思いわずらうより、他人の真価を見抜けない自分の低い能力を思いわずらう人になりたいものだ。

「他人が自分の能力を認識してくれないのを心配するな、というような考え方は、孔子時代の消極的処世法だ。現代では、こんなことではとても社会に立って成功はできない。

寄らば大樹の陰という諺《ことわざ》もある。政治家は勢力ある人に、役人は上司に、会社員は重役に取り入らなければ出世できない。職務大事に四十年勤続して永年勤続で表彰されたところで、うまく立ち回って成功した者の足もとにも及ばない。

だから少しあつかましく立ち回り、唐《とう》の韓退之《かんたいし》（韓愈《かんゆ》）や宋《そう》の蘇老泉《そろうせん》（両人とも唐宋八大家と呼ばれた名文家）が『自分のような人物を採用しないのは君主の落ち度である』と自ら建白《けんぱく》（政府や上司に自分の意見をいうこと）したように、積極的に自分を認識させなければならない」

という意見もあろう。

だが、自分の実力以上に自分を認識させようとする風潮は、みっともないことである。金は地中にあっても金であり、錦の袋に包んでも鉛は鉛である。あえて自己宣伝をしなくても、言動を誠実に行なえば、自然に世間が信用するようになる。

知らないことを知ったふりせず、言うことに間違いがなく、行なうことに誤りがなく、言行一致の人であったならば信用しない者はないはずだ。信用の厚い人であったならば、自分で売り込まなくても必ず誰かが拾い上げてくれる。何も上司にこびなくても、重役におもねらなくても、重く用いられるはずである。

私の経験では、信用を得ることに努め、自分の欲しないことは他人にしないようにし、常に向上心を忘れず、変な気を起こさず、自己省察を怠らず、みだりに自己宣伝をせず、そうして終日努力を惜しまぬようにすることだ。

第二章

心に〝北極星〟を抱く人の日々の生き方

1 心にいつも〝北極星〟を抱く人の生き方！

子《し》曰《いわ》く、政《まつりごと》をなすに徳を以《もっ》てすれば、譬《たと》えば北辰《ほくしん》のその所に居り、しかして衆星《しゅうせい》のこれに共《むか》うがごとし。［為政《いせい》］

政治を行なうには常に道徳を中心にすえておかなければならない。それは、たとえてみれば、天の北極星が常に一定の場所にいて動かず、そして満天の星々がこれを中心にして回転しているようなものである。

現代の為政者は道徳を基礎とせず、法令ですべて取りしきろうとしている。法治国だからと法律を制定・施行さえすれば万事終了と考え、国民もまたこれを許す時代である。しかも政権を握るためには、策略をめぐらして多数党にならざるを得ないし、自分の地位を守るためには自派の人物を要職に就けて政権も利益も一人占めにし、党勢拡張や後日の選挙費用捻出《ねんしゅつ》に専念する。

たとえ法治国でも立憲政治国でも、一国の政治を担当する人たちの胸中に道徳の観念がなくてどうする。根本の道徳をそなえ、公明正大に政治を行ない、過失があれば直ちに改めるようでなくてはならない。

そもそも政治とは、単に国家にかぎるものではなく、一会社の経営も一学校の管理も一家の維持もみな政治である。道徳を基礎に置かなければ、必ず世の信用を失い、たちまち行き詰まる。為政者も国民の一人である。国民の道徳が高まらなければ、為政者だけが立派であることは不可能だ。国民道徳の向上は教育を担当する政府の責任である。今日の教育の実際を見ると、知育だけにかたよって徳育をなおざりにしている。これは大きな間違いである。もう少し精神教育に力を入れなければ、今後の世界的国民としての教養が足りないと思う。ことに高等教育に入る前、小学校時代に教養を植えつける必要があると思う。

2 渋沢流「天命」の受け止め方と実践法

子《し》曰《いわ》く、吾《われ》十有《ゆう》五にして学に志す。三十にして立つ。

四十にして惑《まど》わず。五十にして天命を知る。六十にして耳順《したが》う。七十にして心の欲する所に従うて、矩《のり》を踰《こ》えず。
［為政《いせい》］

この項は孔子自身の学問修業の順序を述べていて、自叙伝《じじょでん》のようなものである。十五歳で学問をする志を立て、三十歳では精神的にも経済的にも独立する。四十歳で人生問題で惑いがなくなり、五十歳で天から与えられた使命の何たるかを知る。六十歳では経験豊かな耳には、何を聞いても驚かなくなっている。七十歳ともなると、修養が完成しているので、自分の心のままに行動しても、けっして道を踏みはずすことはなくなったという。

孔子は今の言葉で言えばなかなかの活動家で、寸時も休まず努力し修養したから、ほとんど十年ごとに思想の状態が変化し、七十歳になった頃には、心のままに行動しても、それがちゃんと人の道に合致していたと思われる。これは善人だからである。

私のような修業の足りない者はそうはいかず、すでに八十四歳になった今日でも、もし心の欲するままに行なうときは、たいてい乱行となるであろう。

私に克己心《こっきしん》（欲心・邪念に打ち勝つ心）がなかったならば、反対論者と刺し違えて死んだかもしれない。克己心は実に偉大なる力である。

孔子が四十にして達した不惑《ふわく》の境地は、私も七十歳頃からどうやら手に入ったように思う。六十四、五歳頃までは他人から種々の説を聞くと、なるほどそれもそうだと惑ったものであるが、七十前後からは惑いを起こさないようになった。

◆私の人生の節目節目をつらぬく一つの「天命」観

「天命を知る」は、私のような不徳の者は、何歳のときから天の命ずるところを知ったなどと高言はできないが、一身の出処進退《しゅっしょしんたい》については、明治元年から変わらぬ精神をもっている。

元治元年の二月に決心して一橋慶喜《ひとつばしよしのぶ》公の家臣となったが、慶応三年十月十四日慶喜公が大政奉還して世捨人《よすてびと》になられたので、私もまた主従の義を守り新政府に仕官すまいと思い定めたのが、明治元年十一月三日、フランスから帰朝（国を代表して海外に行った者が帰国すること）した二十七歳のときである（私は公の弟徳川民部《みんぶ》大輔《たいふ》昭武《あきたけ》が、フランスで開かれる一八六七年の博覧会に、わが国の大使として行くのに随行し、慶応三年一月十一日横浜からフランスの郵船アルヘー号で渡欧していた)。

それから慶喜公に従って昔の駿府《すんぷ》(今の静岡)に移住して、勘定組頭《かんじょうくみがしら》に任ぜられ、二年の春、静岡に商法会所という組織を興し、合本《ごうほん》組織の商業をやっていたところ、十一月二十一日に太政官から急に召状が来た。

私はその召状に応じないつもりであったが、慶喜公や当時静岡藩を預っていた大久保一翁《いちおう》(参事後に東京府知事)などに、それに背いたら徳川家のためにならないと説かれて一時明治政府に仕えた。そして大蔵省で理財局を担当したが、明治六年五月七日退官して、初志どおり民間の事業に従事して、二度と役人となり政治に口出ししない決心をした。

その後貴族院議員に勅任されたが、しばらくしてこれも辞めた。大蔵大臣になれとすすめられたり、東京市長になれと頼まれたが、みなこれを拒絶して初志をつらぬいた。

もしこれを「天命を知った」といえるものならば、これがそうかもしれない。

3 私が父に学んだ大いなる〝許しの哲学〟

孟武伯《もうぶはく》、孝を問う。子《し》曰《いわ》く、父母は、ただその疾《やまい》をこれ憂《うれ》う。［為政《いせい》］

孟武伯が孝行のありようを孔子に質問した。孔子はこれに答えて、

「人の子たる者は常に父母の身に心を配り、風雨寒暑に気をつけ保護してあげれば、病気になることなく孝道を全《まっと》うすることができる。衣食住に気をつけるだけでなく、子が悪いことをして両親を心配させたりしないようにすることである」

と言っている。

私などは孝道を全《まっと》うしたとはいわないが、その心がけだけは常に怠らずにいた。

私の母は非常に人情の深い慈愛に富んだ人であった。今でもこれを思うと涙が流れるほどありがたく感じられる。

父は市郎と称し晩香《ばんこう》と号した。同村の渋沢宗助という家から、私の家へ婿養子にき

たのであるが、今になって思えば実に非凡な人であった。きわめて方正厳直、曲がったことが大嫌いな人で、どんな小さなことでも四角四面《しかくしめん》（ひどくまじめで堅苦しい）に処理した。非常な勤勉家で、相応な財産を築いただけあって、働く意欲ははなはだ深かった。だけど物惜しみなどは少しもせず、物欲はいたって淡泊で、義のためならばせっかく丹精してつくり上げた財産でも何でも、これを投げうって惜しまなかった。

すこぶる気概に富んだ人で他人に対しても厳格であったが、小言《こごと》を言いながらよく人の世話をした。もし私にこの性質が少しでもあるとすれば、それはまったく父の長所を受け継ぎ、その感化による賜物《たまもの》であるといわなければならない。

父は読書家というほどではなかったが、四書五経は十分に読め、俳諧《はいかい》などもたしなみ、常に相当の見識をそなえ、漫然と時流を追うということはなかった。私にも十四、五歳までは読書、習字、撃剣《げっけん》などの稽古《けいこ》をさせたが、時勢にかぶれて武士ふうにばかりなっても困るからと、家業の藍《あい》を作ったり売買したり、あるいは養蚕にも力を入れるよう常日頃申し聞かされたのである。

◆あの頑固一徹の父を動かした捨て身の覚悟

私も父の命に従い、十七歳から二十二歳までは毎年二度藍の買い入れに信州路へ出かけたが、世間がしだいに騒々しくなってきたので、私は家業にだけ励んでいられなくなり、国事に奔走したいと、それとなく父に話したが、父は「国事を論議するだけなら、農家も商人もこれをしてかまわぬが、実際の政治のことは、その位置にある武士にまかせておくがよい」と私の意見には反対であった。

しかし私はあくまで国事に奔走し、幕府を倒してしまわなければならないと決心し、なんとかして江戸に出ようと思ったのである（私は文久三年十一月八日渋沢喜作《きさく》とともに江戸に出て、二十一日京都に着き、ここで過激思想を一変させられる事情が生じ、一橋家の用人平岡円四郎に説かれて元治元年二月一橋慶喜公の家臣となった）。

そこで父に何も打ち明けずに郷里を出てはいけないと思い、それとなく訣別《けつべつ》のつもりで、文久三年九月十三日の夜、月見の宴に託して、尾高藍香《おだからんこう》と渋沢喜作と私との三人が、父と同席して月を見ながら天下の形勢を語り、私の決心を打ち明けた。父は依然として同意せず、

「その位置にいない者が、どんなに奔走したとて、実を結ぶものでない」

と諄々《じゅんじゅん》として説いた。私はこれに対し、

「自分が微力をもってどれほど奔走してみても、目的を達し得られずに終わるかもしれないが、楠木正成《くすのきまさしげ》のように戦死してもかまわぬから、やれるところまでやってみる気である」

と固い決意を述べると、父も、

「それほどまでの決心ならば、思うままやってみろ。わしは干渉しない」

と言って許してくれて、いよいよ出発のときには路銀《ろぎん》（旅行の費用）として大金百両をくれた。

明治四年十一月二十二日、父は六十三歳を一期《ご》（一生涯）として亡くなった。葬儀を郷里の菩提寺《ぼだいじ》で営み祖先の墓地に葬ったが、私はたびたび郷里まで行く暇がないので東京の谷中に父の招魂碑《しょうこんひ》を建て、生きている人に仕えるように供養をして、子たる者の親に対する祭の礼を欠かぬようにしている。招魂碑の撰文《せんぶん》（文章）は尾高藍香の筆である。

4 鬼をもらい泣きさせた男の話

子游《しゆう》、孝を問う。子曰《しいわ》く、今の孝なる者は、能《よ》く養うことを謂《い》う。犬馬《けんば》に至るまで、皆能く養うことあり。敬《けい》せざれば何を以《もっ》てか別《わか》たんや。〔為政《いせい》〕

孔子の門人子游が、師に孝道はどのようなものかと尋ねると、孔子は次のように答えた。

「今日世間の人は親孝行といえば、ただ父母に衣食の不自由をさせないようにすればよいとしているが、これはただよく養うというだけで、十分に孝行したとはいえない。なぜならば家で飼う犬や馬でも食物を与えてこれを愛護している。よく養うだけなら、父母と犬馬とは同一の待遇である。

父母に対して衣食を不自由させないだけではなく、そのうえに深く尊敬するのでなければ何をもって孝と養とを区別することができようか。敬愛兼ねてこそ、はじめて孝道にかなうというべきだ」

わが国には孝子《こうし》が少なくない。伝記は数多くあるけれど、世にあまり知られていない一人の孝子をここで紹介しよう。

寛政の頃、九州の豊前国宇佐郡津房村《ぶぜんのくにうさぐんつぶさむら》に神崎右京《かんざきうきょう》という人がいた。この人の家は代々若宮八幡《わかみやはちまん》の神職だったがたいへん貧乏で、その八十二歳の母は足が不自由なうえに、眼病にかかり目がよく見えなかった。そんなことからひがみがつよく邪推深く、扱いにくい人だったが、右京はこれを気にもかけず、何くれとなく誠実に仕え、喜ばせようと努めた。

ある日老母がこう嘆いた。

「わしは若いときから一度信濃《しなの》の善光寺に参詣《さんけい》したいと思っていたが、足が悪くて歩行もままならず、このうえ眼も不自由だから、とても生きているうちにはお参りもできない」

「母上ご心配なさるな、必ず私がお供して参詣します」

と右京は答え、その子多宮《たみや》に、

「母が信州の善光寺に参詣したいというから、母を背負って行くつもりだ。なにぶん長旅となるからおまえも加勢してくれないか」

と頼み、多宮も快く承諾した。こうして寛政五年の春三月に豊前の国を出発した。ときに右京は五十三歳、多宮は二十二歳だった。

二人がはるばる老婆を背負い、路銀の用意も貧乏人だから十分でなく、道みち門乞《かどご》いをして三百里の長路《ながじ》を野宿しながら五月に善光寺につき、参詣をとげて八月豊前に帰村した。そのことが領主の奥平侯に聞こえ米麦を賜って表彰されたという。孝心がここまで深い者でなければ、誰がこの難事を成しとげようか。この話を聞けば、鬼もきっともらい泣きすることだろう。

5 人を見るに間違いのない“視・観・察”三段階観察法

子曰《しいわ》く、その以《な》す所を視《み》、その由《よ》る所を観《み》、その安《やす》んずる所を察《さっ》すれば、人焉《いずく》んぞ廋《かく》さんや。人焉んぞ廋さんや。【為政《いせい》】

孔子の人物観察法は、視《し》・観《かん》・察《さつ》の三つをもって人を鑑別しなければならないというところに特徴がある。

まず第一に、その人の外面に現われた行為の善悪正邪を視る。第二に、その人のその行為の動機は何であるかをとくと観極め、第三に、さらに一歩を進めてその人の行為の落ち着くところはどこか、その人は何に満足して生きているかを察知すれば、必ずその人の真の性質が明らかになるもので、いかにその人が隠しても隠しきれるものではない。

外面に現われた行為が正しく見えても、その行為の動機が正しくなければ、その人はけっして正しい人物とはいえない。

また、外面に現われた行為も正しく、その動機も精神もまた正しいからといって、もしその安んじるところが飽食・暖衣・気楽に暮らすというのでは、その人はある誘惑によっては意外な悪をなすこともあろう。

その安んじるところが正しい人でなければ、本当に正しい人であるとは保証できない。この三段階の観察法を実行すれば、その人がいかに隠そうと、善人は善人、悪人は悪人と常に明白に判定できる。

私は門戸開放主義をとっているので、どんな人とも面会している。世の中には、人を見たら泥棒と思えという論法で、会う人見る人を、みな自分に損をかけに来た、あざむきに来たと思って接する心情の人もいるし、あるいは反対に、会う人見る人みな誠意あるものとして接し、自分もまた誠意を披瀝《ひれき》（隠さず打ち明ける）する人もいる。

何事でも他人から依頼されれば、たいていは依頼者には利益になるが、依頼された人は、多少の損失をこうむるものである。必ずしも金銭上の損失でなくても、あるいは時間の損をするとか、あるいは自分の利益にもならないことを心配し、面倒を見てやらなければならないということになるのである。

私は誠意を披瀝して客に接し、偏見をもたずに人と会見する。けっして人を疑わずに、誠をもってすべての人を待つのが私の主義である。病気とか支障でもないかぎりは、けっして面会を謝絶せず、来訪者にはどなたにでも必ずお目にかかることにして、門戸開放主義をとっている。

大隈重信侯も、やや私と同じやり方で、来るものは拒まず、誰とでも面談しているようにお見受けする。

私は来訪してくださる多数の方々について、いちいち人物を識別することにしている。人物の鑑別はなかなか難しいことではあるが、この孔子流の三段階人物観察法はまことに的を射ていると思う。

6 「古きよきもの」と「新しいもののよさ」をうまく〝交通整理〟せよ！

子《し》曰《いわ》く、故《ふる》きを温《たず》ねて、而《しか》して新しきを知る。以《もっ》て師と為《な》るべしか。［為政《いせい》］

世の中ではとかく新しい学問を追えば、古い知識を忘れて着実さを欠き、反対に古いことだけに拘泥《こうでい》（一つのことにこだわること）しておれば、新しい学問にうとくなって因循姑息《いんじゅんこそく》（古いやり方に頼り、その場しのぎをすること）に流れ、石頭になってしまうのは昔からの悪習である。

現在はもっぱら欧米の新思想にだけ没頭して、東洋二千年の道徳学を忘れ去っている。青年諸君は深くこの点に留意し、新しい学問を学んでも古い知識も忘れず、故きを温ねても進取の気性を失わず、古いもののよさを新発見してほしい。

祖先を崇拝することも、「温故知新《おんこちしん》」にほかならない。先祖の成しとげた偉業を学び、これをさらに発展させたい。

先輩を尊敬することも、これまた「温故知新」で、これは、自分より先に社会で働き、自分よりも豊かな経験のある人々について学び、新たに進むための知識を獲得しなさいということにほかならない。

明治二年十一月、太政官から急な呼び出しがあって上京すると、大蔵次官であった大隈重信侯（当時）から、「地方に引っ込んでいてはとても志がとげられるものでない。全国に力の及ぶ中央政府で働け」と、説き聞かせられた。そして、ついに断りきれず、大蔵省租税正《そぜいのかみ》（税務局長）という役に就いた。

大蔵省の中に改正掛《がか》りというものが置かれ、私もその一員となって度量衡《どりょうこう》・駅伝法《えきでんほう》（運輸・通信）・幣制《へいせい》（貨幣制度）・鉄道などのことまでも、このメンバーの手で立案したのである。

◆私の仕事の中で最も〝難産〟だったもの

私は種々の改正案を提出したが、「温故知新」の精神で、明治新政府の運営を円滑にし、「師と為る」の心をもって整然とした制度を立てようとした。その中で最も困難に感じたのは、これまでの租税が現物すなわち米で納めることであったのを改正して、金で納めることにしようというところであった。

米納時代には明治維新後もなお国民が納めた米穀を政府が保管し、政府の手で船舶に積み込んで東京とか大阪とかの都会に持ち出し、東京は浅草蔵前の米倉、大阪は中の島の米倉に入れておき、札差《ふださし》と称した御用商人に命じて、これを売りさばかせて現金にして国庫に入れるという組織であった。

その間にはさまざまな弊害もあり不便もあるから、これを金納制度に改正しようというのが私の案である。

しかし、こうすると、地方の米穀産地では、税金用に米穀をその地方で売りさばかなければならない。地方で売りさばけば、米穀の値段は供給過剰でたちまち下落することになる。そして東京・大阪などの都会では、米が今までのように搬入されてこないので供給不足となり、米価が非常に高騰することになる。したがって、都会と地方とで米価に大きな差を生じる恐れがあったのである。

この弊害を取り除こうとすれば、政府は国民が自由に米穀を東京とか大阪とかに搬出して売りさばくことができるように、船なども準備して世話をしてやらなければならないという事情もあり、現物納入制をやめて金納の新税制度にする私の提案は、なかなか実行困難だった。

明治六年五月七日、私は退官して民間に下ったが、明治七年、陸奥宗光《むつむねみつ》が税務長官となってようやく実行された。これから見ても、いかに古い制度を打ち壊さずに新しい方向に進むということが困難であるかおわかりだろう。

7 "器の大きさの見えない人"ほど恐ろしいものはない

子曰《しいわ》く、君子《くんし》は器《き》ならず。［為政《いせい》］

孔子は「君子といえる人は器物のようなものではない、器物を使う人である」と言った。つまり徳を修めた者は君子、技芸を修めた者は小人《しょうじん》という意味である。

人間である以上は、その技能に応じて使いさえすれば、誰でも何かの役に立つものである。箸《はし》は箸、筆は筆とそれぞれその器物に応じた用途があるのと同じように、人にはおのおのその得意の一技一能が必ずあるものである。ところが非凡達識《ひぼんたっしき》の人になると、一技一能に優れた器物らしいところはなくなってしまい、万般にわたって底の知れないスケールがある。

維新の三傑について私が観察したところを述べてみよう。

大久保利通《としみち》は私の嫌いな人で、私もひどく彼に嫌われたが、彼の日常を見るたびに、「器ならず」とは彼のような人をいうものであろうと、感嘆の情を禁じ得なかったものである。たいていの人はいかに識見が卓抜であっても、その考え方はだいたい外から推測できるものである。ところが大久保は、正体がつかめず、何を胸底に隠しているのか、私のような不肖者ではとても測り知ることができない、まったく底の知れない人であった。だから彼に接すると、なんとなく気味の悪いような心情を起こさないでもなかった。これがなんとなく嫌な人だと感じさせた一因だと思う。

◆「器ならざる」西郷と「器に近い」勝海舟

西郷隆盛は、これまたなかなか達識の偉人で、「器ならざる」人に間違いない。同じ「器ならず」でも、大久保とはよほど異なった点があった。ひと言にしていえば、たいへん親切な同情心の深い、一見して懐かしく思われる人であった。いつもいたって寡黙で、めったに談話をされなかった。外から見たところでは、はたして偉い人であるのか、鈍い人であるのか、ちょっとわからなかったぐらいである。賢愚《けんぐ》を超越した将《しょう》に将たる君子の趣があった。

木戸孝允《たかよし》は大久保とも違い、西郷とも異なったところのあった人で、大久保や西郷よりも文学の趣味深く、考えたり行なったりすることがすべて組織的であった。しかし、「器《うつわ》ならざる」点においては、大久保や西郷と異なるところがなく、凡庸《ぼんよう》の人でないことが一目でわかる趣のあった人である。

物茂卿《ぶつもけい》（荻生徂徠《おぎゅうそらい》）は「器《うつわ》なる人は必ず器を用いずして自ら用うるに至る」といっているが、まさに至言である。この三傑は人を用いて自分を用いなかった人たちであったことは、私の実感である。

勝海舟も達識の人であったが、この三傑に比べれば、どちらかというとよほど「器に近い」ところがあって、「器ならず」とまではいかなかったように思われる。

8 行動力がともなってこそ「沈黙は金」となる！

子貢《しこう》、君子《くんし》を問う。子曰《しいわ》く、先《ま》ずその言《げん》を行い、而《しか》して後《のち》これに従う。【為政《いせい》】

子貢の質問に対して孔子は、子貢の短所を戒めた。子貢は門人の中でも能弁家であり、その短所は、弁が勝って行動がこれについていかないことだ。そこで孔子は、

「君子たる者は言語を重しとせず、重しとするところは道徳実行である。おまえが平生言っている説は悪くない。だけど、ただ言うだけでは君子の道ではない。まずその言おうとするところの説を実行し、そうしてから後にこれを言葉にしなさい」

と深く子貢を戒めたのである。

子貢だけでなく、能弁家は必ずしも実行がともなわず、実行家は必ずしも能弁ではない。前者はこれを口ほどでもない男と称し、後者は不言実行家と称する。

大隈重信は雄弁家に違いないけれども、その言ったことをすべて実行したわけでは

ない。これに反して山県有朋《やまがたありとも》は能弁ではないが、心に思ったことは必ず実行する人だった。そして能弁で実行家といえるのは木戸孝允や伊藤博文であろう。言行一致は実に難しいことだ。

人はとかく口にかたよったり手腕にかたよったりしやすいものである。そして今日の青年は口にかたよる者が多いようだ。訥弁《とつべん》（言葉がつかえるような下手なしゃべり方）で行動が機敏であるほうがずっとよい。口先だけの人は世の役に立たず、自分自身もまた損するものである。諺《ことわざ》にも「詞《ことば》多きは品《しな》少なし」といっている。

9 日頃の〝この一歩の差〟が後に千里の隔たりをつくる！

子《し》曰《いわ》く、君子《くんし》は周《あまね》うして比《ひ》せず、小人《しょうじん》は比して周うせず。
[為政《いせい》]

人は人とかかわり合って社会をつくり、共存していくものであるから、世の中を渡るのに君子と小人の区別なく、よく人と相談し助け合っていかなければならない。

ところが君子は忠実、信実をもって国家に利益をもたらし、小人は自分たちの仲間で組んで自分たちの利益を図る。君子は広く愛して私心がなく、諸侯は自分の一国を愛し、天子ともなれば全天下を愛し、多少の厚薄はあっても、愛憎の私心はまったくない。これがすなわち普遍的な愛でかたよらないということである。

一方、小人は広く愛することができず、権力に追随し、利益を獲得するために一部の人とだけ組んで、自分の利益に害のある者は憎み、善悪の判断ができない。これがすなわち「比して周うせず」である。両者はまったく正反対で、たとえば陰陽・昼夜のようだ。しかし、その分岐点はほんの少しの違いなのに、その害たるや千里の隔たりがある。

10 頭と体が平等に汗をかいているか

子《し》曰《いわ》く、学んで而《しか》して思わざれば則《すなわ》ち罔《くら》し。思うて而し

〜て学ばざれば則ち殆《あや》うし。【為政《いせい》】

本項は学問と思考とは切り離せないものであることを示している。学校で先生の教えるままを受け取るだけで、さらに推考思索しない人は、単に広く知識を得るだけで自己啓発がなく、思考が暗くて社会の役に立たない。いわゆる「論語読みの論語知らず」である。先生から学んだことを、時勢人情のいかんを考えて、実地に適応活用できるのが生きた学問である。

一方、自分の独断にまかせて道を思索研究するだけで、先生から学ぶことがなければ道を誤り、独断専行するような過《あやま》ちに陥り、これまた社会の役に立てない。いわゆる「非学者、論に負けず」のたとえのとおりになってしまう。

孔子は、「吾かつて終日《ひねもす》（一日中）食わず、終夜《よもすがら》（一晩中）寝《い》ねず。もって思う、益なし。学ぶに如《し》かず」と言った。これは学問は少しもゆるがせ（おろそか）にできないことを示して戒めたものである。要するに「学ぶ」と「思う」との二つがあいまって、はじめて学問が生きたものになるということである。

11 つまらぬ〝泥仕合〟で精神を消耗してはならない！

子曰《しいわ》く、異端を攻《せ》むるは、これ害のみ。［為政《いせい》］

本項については古来学者の解釈がいろいろあり、朱子《しゅし》は攻めるを治めると訓《よ》み、「聖人の道にはずれた異種の学を専攻することは、害があるだけだ」と説いている。猪飼《いかい》敬所《けいしょ》（儒学者）は攻めるを攻撃と解釈しており、私はこの説に従う。

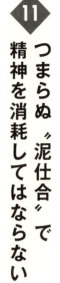

世の中すべて陽あれば陰あり、大あれば小あり、高きあれば低きあり、何から何まで同じものでないことは誰もが知っている。人の思想もまた十人十色、人の顔も百人が百人みな違っている。したがって種々の学説が競い合うのは当然である。自分とその思想を異にする者があれば、自分の学問をますます磨き、徳をいよいよ修めてこれを説伏《せっぷく》しなければならない。しかし正面から攻撃をしかけ論争するときは、相手もまた怒りを発して抵抗し、泥仕合となってお互いに何の利益も生まない。

真宗中興の祖蓮如上人《れんにょしょうにん》は、他宗に対してけっして真宗への信心を強制、指図してはいけないと戒めた。まことに人情の機微《きび》をうがっていて立派である。法華宗の開祖日蓮上人は、まっこうから破邪顕正《はじゃけんしょう》（誤った考えを打破し、正しい考えを示し守ること）の剣を振り上げて他宗を痛罵《つうば》したが、他宗は屈しなかった。

◆〝悪平等〟こそ人間を退化させる

人間の体力に強弱があり、その知力にもまた賢愚がある。学問が優秀で働きが多い者はその所得は増加し、学問が低劣で労働が少ない者は、その収益が減少するのは当然だ。この自然の成り行きに逆らって万人一律としたら、人々は学問を怠り、仕事を怠って社会は退歩してしまう。これを称して悪平等という。共産主義が実行しにくいのはこのためである。しかし、富者は公益のために私財を正当の事業に提供しなければならないことはいうまでもない。

わが国で富豪といわれる岩崎、古河、大倉、浅野諸氏が今日あるのは、すべて多年の奮闘努力の結果である。富者をうらやんでこれを嫉視《しっし》するのは、自分の努力の足りぬ薄志弱行《はくしじゃっこう》（意志が弱く、決断力に欠けること）の徒《やから》のやることだ。幸福は自らの力で進んでこれを勝ち取るのみだ。

12 ときには〝マイナス札〟を引く勇気をもて！

子《し》曰《いわ》く、由《ゆう》、女《なんじ》にこれを知るを誨《おし》えんか。これを知るを知るとなし、知らざるを知らずとなす。これ知れるなり。

［為《い》政《せい》］

少しばかり物事のわかった人は、自分の知らないことでも知っているふりをすることが多い。これは恥ずかしいことである。何事によらず、本当に熟知していることだけを知っているとし、熟知していないことはこれを知らないとはっきり言う。それができてこそはじめて世間から知識人、博識の人として信用されるのである。

知らないことを物知り顔して言うほど愚かなことはない。宇宙の真理は人知をもって測り知れないものである。科学の発達した現代においてもなお、専門家でも知りがたいことが多いのである。

「知らざるを知らずとせよ」というこの名言は二千五百年後の今日でも核心を衝《つ》いた、

人の守るべき教訓である。

13 孔子流の〝月給〟を確実に上げる秘訣！

子張《しちょう》、禄《ろく》を干《もと》めんことを学ぶ。子《し》曰《いわ》く、多く聞きて疑わしきを闕《か》き、慎《つつし》んでその余《よ》を言う。則《すなわ》ち尤《とが》め寡《すくな》し。多く見て殆《あや》うきを闕き、慎んでその余を行う。則ち悔《くい》寡し。言うて尤め寡く、行い悔寡ければ、禄その中《うち》に在《あ》り。［為政《いせい》］

子張が先生の孔子に、役人となって給料をもらう道を質問した。すると孔子はこう答えた。

「役人になりたければ自ら修養して実力を充実せよ。その修養の方法は、多く聞いて広く道理を知っても、自分で確信できないことは控えて、間違いないと信ずることだけを人に語るようにし、多く見て広く物事を知っても、大丈夫と思えない行為はやめて、道義に反しないと確信できることだけを行なえば、とがめられることなく、また自ら後悔することもない。こうして言動に悔いがなければ、世間の評判もよく、長上にも知られ、自分から売り込まなくても、必ず登用される。そうすれば給料は自然についてくる」

「このように言行をつつしむ消極的なやり方では、とても生存競争の激しい社会での成功はおぼつかない。積極的に自分を世間に認めさせなければ負けだ」

現代にはこう自己宣伝をする人がいるが、こういう人は仲間に嫌われ社会にうとまれる。言動が篤実《とくじつ》（情に厚く誠実であること）であれば官界でも民間でも必ず信用される。私の八十年来の経験ではそうである。

多く聞いて疑わしいところを捨て、その残りを言うということは、よほどの謙遜《けんそん》家でなければできないことである。多く見て危っかしいと思う点を捨てて控えめに行なうということは、軽率浅慮の人にできることではない。知らないことは知ったふりをせず、言うことに間違いなく、なすことに誤りなく、終始言行一致であったら、信用しない人がいるわけがない。世の信用厚い人であったならば、自己宣伝をしなくても、必ず人が使ってくれるものである。急がば回れ、近道はかえって危険である。

昔、名将小早川隆景《こばやかわたかかげ》が、秘書に手紙を書かせるときに、「この手紙は至急用だから、心を落ち着けて静かに書け」と注意したという。これがすなわち急がば回れのよい実例である。

14 良貨が悪貨を駆逐する“人間学”

哀公《あいこう》問うて曰《いわ》く、何をなせば則《すなわ》ち民服《たみふく》せんと。孔子対《こた》えて曰く、直《なお》きを挙げてこれを枉《まが》れるに錯《お》けば則ち民服す。枉れるを挙げてこれを直きに錯けば則ち民服せず。［為政《いせい》］

まっすぐな材木をそり曲がった材木の上に置けば、下の曲がった材木もまっすぐの材木に押されてまっすぐになる。同じように賢い正しい者を取り立てて人の上に置けば、人民、部下はおのずと正しくなり心服するものである。

古今の例では名君舜《しゅん》王が法律家皐陶《こうとう》を登用して天下を治めたが、殷《いん》の紂《ちゅう》王は悪者を重用したため、たちまち滅びてしまった。わが国でも源頼朝《よりとも》が鎌倉に幕府を開いたが、賢才を登用せずもっぱら姻戚《いんせき》の北条氏《ほうじょう》にまかせて、ついに北条に滅ぼされてしまった。

徳川家康はこれに反し、譜代の賢才（酒井・榊原・井伊・本多の四天王など）を登用し、天台宗《てんだい》の天海《てんかい》、臨済宗《りんざい》の崇伝《すうでん》などという傑僧を顧問に、さらに漢学者藤原惺窩《せいか》・林羅山《らざん》を登用して文教を興し、文武両道および諸般の制度にわたって用意周到、そして三百年の泰平の基《もと》を開いた。

跡部勝資《あとべかつすけ》・長坂釣閑斎《ちょうかんさい》を重用して武田氏は滅び、田原紹忍《たはらじょうにん》を寵用《ちょうよう》して大友氏は倒れた。ドイツのヴィルヘルム一世はビスマルクを用いて栄え、三世カイゼルはこれを斥《しりぞ》けて滅びた。

いやしくも国家に君臨して、賢才を登用せず、凡人悪人を重用してひどい目に遭うのは、古今東西みな同じである。

私は使用人を選ぶとき才子肌の人を採らず、なるべく誠実で情に厚い人を採用した。安心して仕事をまかせることができ、また世間との交際にも、不安の念を起こさせないためである。

15 人生の極意は「輗《げい》軏《げつ》」一つを手に入れることにある！

子曰《しいわ》く、人にして信《しん》なきは、その可《か》なるを知らざるなり。大車《だいしゃ》輗《げい》なく、小車《しょうしゃ》軏《げつ》なければ、それ何を以《もっ》てかこれを行《や》らんや。【為政《いせい》】

「信」は道徳の中心である。それゆえ孔子は「民、信なければ立たず」（顔淵篇《がんえんへん》）と教え、その他、「信」について説いた個所が『論語』の中に十五か所ある。牛車には輗《げい》、馬車には軏《げつ》という牛馬に連結する器具があり、牛馬を御す役をする。もし輗や軏がなかったならば、どれほど立派な牛馬でも、車を走らせることができず無用の長物となる。

「信」は人において、ちょうどこの輗軏のようなもので、もし人に信がなかったならば、いかに才智があっても、いかに技倆《ぎりょう》があっても、輗軏のない牛馬車と同じで、無益な人どころか有害な存在となる。信は人の行動にとって扇の要《かなめ》のようなものである。

信がなければ、いかなる職位にある人も、いかなる事業に就く人も、世に立っていけないであろう。

『孟子』に五倫（儒教における五つの徳）の順序として、「父子親あり。君臣義あり。夫婦別あり。長幼序《ちょうようじょ》あり。朋友信あり」と、信をその最下位に置いてあるが、これは人類進歩の径路を語るにすぎない。原始時代にあっては、まず愛し親しむことで父子・夫婦・兄弟の情義を生じ、次に君臣の関係が生じ、しだいに社会的組織の進歩に従って、友人などが生じ互いの交誼《こうぎ》（親しい付き合い）を厚くし、社会の秩序を維持するうえにおいて、自らいつわらず、人をあざむかず、道徳的連鎖を強くする必要が生じる。孝弟《こうてい》忠信といい、またあるいは仁義礼智信といって、いずれも信を最下位に置くが、これは信を軽んじた意味でなく、他の四徳とともに「信」がいかに人間社会で必要であるかをいっているのである。

信の効用は、社会の進歩とともに、いよいよその価値を増して、その応用範囲を拡張し、一人より一町村へ、一町村より一地方へ、一地方より一国へ、一国より全世界へと、信の威力は、国家的、世界的になった。会社の経営も商業の取り引きも、行政の運用も裁判の効能も、外交の働きも、ことごとく信用の二字が基盤である。

しかし、この信は義とあいまって、行動に移してはじめて意味をもつ。「学而篇《がくじ》」で「信、義に近づけば、言復《ことふ》むべきなり」（第一章の8参照）と教えている。いかに信が大切でも、義にはずれた事柄についてはこれを守ってはいけない。たとえば人とともに悪事を働く約束は、義にはずれているから、その約束は守ってはいけない。

◆明智左馬之介《さまのすけ》と鳥居強右衛門《すねえもん》の生き方の〝落差〟

天正十年六月、明智左馬之介光春《みつはる》が、伯父光秀の反逆に味方してその約束を守ったのは、不義の約束履行であって誉められない。一方、鳥居強右衛門勝商《かつあき》が長篠籠城《ながしのろうじょう》のとき、武田勝頼《かつより》の重囲を脱して織田信長に連絡し、豊川の急流を潜ってまさに帰城する寸前、敵につかまり磔刑《はりつけ》になったが、少しも屈することなく使命を達したのは信義の鑑《かがみ》である。

私は明治六年五月から銀行を経営し、いろいろ会社事業に関係したが、信用の一点を重んじて大過なくやってくることができた。

法学博士穂積陳重《ほづみのぶしげ》氏は、知人の子に「信之助」と命名したとき、命名の辞に代えて道徳進化論のうえから信の大切さを説明した。

「信は、もともと母がその子を哺育《ほいく》することにより母子の間に生じた『したしみ』すなわち親《しん》にその端を発したもので、母子間の親が広められて親子間の親となり、さらに広められて同族間の親となり、社会の進歩発達にともなってその範囲が拡張された。親もまたその形式を変えて信という固有名詞となった。社会がますます進化してその範囲が拡大すれば拡大するほど、信もまたいよいよ拡大して社会結合のために必要欠くべからざる一大要素となる。信は道徳の中でも最も進歩した形式をそなえ、今日のように各国対峙《たいじ》して交際・盟約・商取り引きをするためにも、一瞬も欠くことができない大切なものだ」

穂積氏のこの説に私は全面同意する。私が八十年このかた、信の一点張りで押し通してきたのも、この説と同一意見であったからである。

16 物事の「先を読む」には必ず過去を省みよ！

子《し》張《ちょう》問う、十世《せい》知るべきやと。子《し》曰《いわ》く、殷《いん》は夏《か》の礼に因《よ》る、

損益する所知るべきなり。周《しゅう》は殷の礼に因る、損益する所知るべきなり。それ或《あるい》は周に継ぐ者あらん、百世と雖《いえど》も知るべきなり。［為政《いせい》］

子張が孔子に質問した。

「今の周の国から十たびも世が変わった後の政治はどのように変化するか、これを今から予知することができますか」

孔子は答えた。

「将来の変化を知ろうと思えば、過去の移り変わりを研究して推測すべきだ。殷は夏に代わって天下を取ったが、夏の礼制に従い、人倫《じんりん》を明らかにして道徳を尊び天下を始めた。その変革した点は制度法令の末端にすぎない。そのあとは今日も歴然として見ることができる。周が殷に対してもまた同じだ。過去三代のやり方がそのようである以上は、もし万一、後日周に代わって、天下を取る者があるとしても、その政治も大筋は依然として前代を踏襲してこれを改めず、末端の部分を手直しする程度であろう。だから十代の後だけでなく百代の後の政治でも、推測することは難しくない」

孔子は、周に代わるものがあるとすれば、必ず聖人が出てこれに代わること、つまり夏殷周三代の革命のときのようになろうと予測して、この答えをしたものだ。秦《しん》の暴君始皇帝やロシアのレーニンの革命などは、孔子といえども想像もつかなかったであろう。私のような浅学者では、実際に幕府の末路に直面して、もっぱら尊《そん》王攘夷《のうじょうい》を唱えたが、今日のような時勢になろうとは少しも予想できなかった。

17 孔子、孟子の〝きわめつけの人生王道〟

子《し》曰《いわ》く、その鬼《き》にあらずしてこれを祭るは、諂《へつら》うなり。義《ぎ》を見て為《な》さざるは、勇《ゆう》なきなり。〔為政《いせい》〕

祭るべきでないものを祭るのは、鬼神にへつらって自分の利益を得ようとするものである。またこうすることが正しい人の道だと知りながら、自分の利益を考えて、これを行なわないのは勇気のない人間である。

中国の宋《そう》末の文天祥《ぶんてんしょう》という人は忠誠無二の人であったが、勇気のとぼしい点は、私が敬服できなかったところである。私が福岡の安川敬一郎《やすかわけいいちろう》の創設した明治専門学校を参観したとき、同校に文天祥の書いた額が掲げてあったのが偶然眼に触れた。安川氏に文天祥とは……と、やや不賛成の感想を漏らしたところ、安川氏は次の話をしてくれた。

文天祥の死後に遺骸《いがい》を改めて見ると、下帯に次のような賛が書いてあった。

「孔曰く仁を成すと。孟曰く義を取ると。これその義の尽くるは、仁の至る所以《ゆえん》なり。聖賢の書を読んで、学ぶ所何事ぞ。而《しか》して今より後愧《は》じなきにちかからん」

これを文天祥衣帯賛《いたいのさん》という。この意味は、

「孔子は仁を説き孟子は義を説いたが、人もし義を尽くせばおのずからにして仁に達することができる。仁義はけっして二つ別個のものではない。同体である。聖賢の書を読んで学ぶところもつまりこれ以外のものではないから、義を尽くして世に立ちされすれば仁をも達成し、世間の人々から笑われるような愧《はじ》をかかずにすむ」

ということである。

◆人生、命より大事なものが一つくらいあっていい

まさにそのとおりで、孔子も『論語』「衛霊公篇《えいれいこうへん》」で、

「志士仁人《じんじん》は、生を求めてもって仁を害することなく、身を殺してもって仁を成すことあり」

といっている。義は仁の本体で、義が動いて人の行動となったものがすなわち仁である。義に勇みさえすれば、人は必ず仁を行ないうるものである。衣帯賛はこのことをいっているのである。

孟子は『孟子』の「告子篇《こくし》」の〈上〉で、

「魚は我が欲する所なり。熊の掌《てのひら》もまた我が欲する所なり。二者兼ぬるを得《う》べからずば、魚を舎《す》てて熊掌《ゆうしょう》を取るものなり。生もまた我が欲する所なり。義もまた我が欲する所なり。二者兼ぬべからずば、生を舎てて義を取るなり」

といっている。義を重んじる大切さを説いているのである。

維新三傑の中でも、知謀の優れた大久保利通や木戸孝允は、義に勇むというところは少なかったように思われる。どちらかといえば、知略にとぼしい蛮勇のあるような

人に、義に勇む人が多いようだ。これに対して、高杉晋作と坂本竜馬は、「義を見てなさざるは勇なきなり」との意気がいたって盛んだった。

第三章

生まれもった資質に さらに磨きをかける

1 好機に力を出せないのは"日頃の心構え、生き方"に問題がある！

子曰《しいわ》く、夷狄《いてき》の君《きみ》ある、諸夏《しょか》の亡《な》きがごとくならざるなり。【八佾《はちいつ》】

孔子は、

「今の人たちはややもすれば、四方の諸国を夷狄（未開人）とののしってこれを軽蔑しているが、その軽蔑する夷狄でさえ、君主がいて人民を統治している。これは秩序があるからだ。ところが今の中国の諸国（諸夏）は、君臣の秩序がなく、君主がいても君道がない。つまり君主が存在しないのと同じだ。夷狄のほうがよほど立派ではないか」

と言って夷狄を引き合いに出して下剋上《げこくじょう》の世の中を嘆息した。

わが国でも中世戦国の時代はこれとよく似ていた。足利尊氏《あしかがたかうじ》が後醍醐《ごだいご》天皇に背き、光厳《こうごん》帝を擁立して北朝を建て名目だけの君と仰いで以来、諸国の武門はこれにならって、足利氏を木偶《でく》人形のように見て、心底から従わなかった。ここにおいて豪族は各地に割拠して、おのおの好き勝手な振る舞いをした。朝廷の命令は形だけで、将軍の威令もまた行なわれなかった。

足利氏三管領の随一、細川晴元《はるもと》には三好長慶《ちょうけい》という強臣があり、三好の家来にまた松永久秀という逆臣がいた。松永は三好を制し、三好は細川をしのぎ、細川は将軍足利氏を圧し、権力はすべて下に移って君主とは名ばかりである。久秀はついに足利十三代将軍義輝《よしてる》を殺してしまった（永禄《えいろく》八年五月）。そのさまは、あたかも魯《ろ》の三桓《さんかん》氏《し》が魯君を軽蔑したのと同じである。

◆知を研《みが》き、体を養い、自分を磨く人に〝乱世〟なし！

播磨《はりま》の豪族赤松満祐《みつすけ》の家臣に浦上宗長《うらがみむねなが》という者がおり、その浦上の家来に宇喜多直家《うきたなおいえ》という者がいた。赤松満祐は嘉吉《かきつ》元年六月、六代将軍義教《よしのり》を殺したが、浦上宗長はこれを手伝った。宗長の曾孫村宗《そうそんむらむね》は永正十七年九月、その主人赤松義村《よしむら》を殺害、備前・播磨《はりま》・美作《みまさか》の大半を奪った。村宗の子宗景《むねかげ》はその家来宇喜多直家に、天正二年備前天神山の居城を攻め取られ播州《ばんしゅう》室津に幽居した。

美濃《みの》の土岐《とき》氏はその家臣斎藤道三《どうさん》に追放され、土佐の一条国司《いちじょうこくし》は幕下の長曾我部元親《ちょうそかべもとちか》のために滅ぼされ、九州肥前《ひぜん》の龍造寺《りゅうぞうじ》氏はその家臣鍋島直助に呑《の》まれ、武田晴信（信玄）はその父信虎を追放して自立し、防州の陶隆房《すえたかふさ》はその主君大内義隆を殺害し、義隆の従弟《いとこ》豊後《ぶんご》の大友晴英《はるひで》を迎えて大内氏を継がしてこれを主と仰ぎ、明智光秀はその主織田信長を倒すなど、反逆は枚挙にいとまがない。すなわち下剋上によって上下の秩序が崩壊し、名分の乱れは中国の周《しゅう》末とまったく同じである。

しかし、天定まって人に勝つ時節が到来し、豊臣氏によって全国統一せられ、徳川氏三百年の覇政を経て、昔の天皇親政の世に復した。

とにかくに青年諸君は文明の紳士をもって自ら任じ、上下の秩序を体得して、共産主義などの悪平等説に耳を貸さず、知を研《みが》き体を養い、また徳を高くし、いよいよ努力して世の信用を得て、立身出世の計画を立てるべきである。

要するに本項は孔子が中国の世の乱れ、秩序の乱れを深く嘆いたものである。

2 〝勝ちぐせ人間〟のここを徹底的に勉強せよ！

子《し》曰《いわ》く、君子《くんし》は争う所なし。必ずや射《しゃ》か。揖譲《ゆうじょう》してしかして升《のぼ》り下《くだ》り、而《しか》して飲ましむ。その争いや君子。［八佾《はちいつ》］

貴族たる者は、けっして人と競争しない。ただ、弓道だけは例外である。堂に上り主人に挨拶《あいさつ》するとき、庭に下がって弓を射るとき、お互いに会釈し譲り合う。そして勝者に酒をご馳走する。この競争の仕方こそ本当に貴族らしい。揖は両手を前に組みあわせて会釈する中国独特のお辞儀。升《しょう》は殿上《てんじょう》（堂上）に上ることである。

人と争うことについて二つの考え方がある。一つは争いを絶対に排斥し、いかなる場合においても争ってはいけない。他人がもしあなたの右の頬を打ったら、左の頬も向けよと説く人がいる。もう一つは正理正道の争いはこれを絶対に避けてはいけないと説く人もいる。私の意見としては、争いは絶対に排斥すべきものではないだけではなく、生きていくうえできわめて必要なものであると信じている。

孟子は、「敵国外患なきものは国恒《つね》に亡ぶ」といっている。まさにそのとおりである。国家が健全な発達をとげるためには、農業でも商工業でも学術技能でも、外交上においても常に他の外国と競争して勝つという意気込みがなければならない。個人でも、周囲に敵があってこれに苦しめられ、これと競争して勝ってみせる勇気がなくては、けっして進歩しない。だから「争いなき者は恒に亡ぶ」というのである。

後進の青年を指導する先輩で、慈愛心が深く、どこまでも親切にして落ち度があってもこれを責めず、青年の味方となって庇護《ひご》していく人がいる。こんな先輩は後輩から非常に信頼され、慈母のように慕われるものである。

しかし、こんな先輩がはたして後輩のために利益になるかは疑問である。後輩にどんな欠点があっても失策があっても、先輩があくまで保護してくれる、許してくれると信頼させるのは、場合によっては後輩の奮発心を失わさせ、先輩が自分を救《たす》けてくれることを期待させて、かえって怠惰に陥る弊害を生じる。

これと反対に後進を厳正に責めつけて、寸分も手加減せず怒鳴りつける先輩がいる。その下に立つ後輩は、一挙一動にも隙《すき》をつくらぬように心がけるから、おのずから奮発するようになるものである。井上馨《かおる》の後輩に対する仕方はこの方法であった。後進青年のためには井上侯のような先進先輩が欲しいのである。

◆理にかなった頑固さが辛口の気品をつくる

後輩を寸分も容赦せず、怒鳴り散らして指導する先輩を頭上にいただくことは、国家でいえば敵国外患があるに等しく、後輩に役立つことが多い。これもまた一種の「争い」である。「顔淵篇《がんえんへん》」に「克己復礼《こくきふくれい》」という語があるが、「己《おのれ》に克《か》って礼に復《かえ》る」ということも、結局一つの争いである。私利私欲と争い、善をもって悪に克たなければならず、徳を修めて立派な人になろうとするには、始終争いを避けるわけにはいかない。品性の向上は、悪と相争うことによってはじめてとげられるものである。絶対に円満であって、悪とも争わず、己に克とうとする心がけさえなくなってしまったならば、人の品性は堕落する一方である。だから品性の向上、社会の進歩、国家発展のうえにも、争いはけっして避けてはいけない。

私は世間の人から、絶対に争いをしない人間のように見られているが、もとより好んで人と争うことこそしないものの、絶対に争わないのが処世上最善の道とは思っていない。絶対に争いを避けて世の中を渡ろうとすれば、善が悪に負けるようになる。

私は大した人間ではないが、正しい道を踏んで一歩も曲げないつもりでいるから、無法に譲歩するということはできない。人間はいかに円くても、どこかに角がなければならぬものである。

私も若いときから争わねばならぬことにはずいぶん争ってきた。威望（威光と人望）天下を圧していた大久保利通《としみち》大蔵卿《きょう》とも侃々諤々《かんかんがくがく》（正しいと信じることを遠慮無しに直言すること）の議論を闘わしたこともある。八十の坂を越した今日でも、私の信じるところを覆そうとする者が現われれば、私は断乎《だんこ》としてその人と争うことを辞さない。私が自ら信じて正しいとするところは、いかなる場合にも、けっして他に譲るようなことをしない。

人には老いたときと若いときとの別なく、いつも守るべき主張がなければならない。そうでなければ人の一生は、まったく無意味なものになってしまう。いかに人は円満がよいといっても、あまりに柔弱になりすぎては、『論語』「先進《せんしん》篇」に説かれているとおりで、人としてまったく気力も品位もないものになってしまう。

◆「明石の浦の小石《さざれいし》」では世間の大波は乗りきれない

戦国の末に細川幽斎《ゆうさい》（藤孝）という文武の達人がいた。円満無碍《えんまんむげ》（角が立たず何の妨げもないこと）を旨としていた。あるときその子忠興《ただおき》を戒めて言った。「人は明石の浦の小石のごとくならねばならぬ」と。想像するに、忠興が常に血気盛んで角が多かったからであろう。明石の浦の小石は常に海水にもまれて角がなくなっている。いかに円満な人であったかがわかる。

幽斎はもと足利氏の臣である。将軍義輝《よしてる》が松永久秀に殺されるとその弟で十五代将軍義昭《よしあき》を補佐したが、天正元年七月、織田信長のために足利氏が滅ぼされると信長に仕えて天正八年六月、丹後田辺の城主となった。十年六月二日、信長が明智光秀のために京都本能寺で殺されると羽柴秀吉に属し、秀吉死去の後は深く徳川氏と結び、肥後の太守となる。その性格は円転滑脱《えんてんかつだつ》（物事に角が立たずそつなく進むこと）で、敵を味方に変える技をもっていたようである。

しかし、一から十まで円満づくしの人ではない。その一例は、慶長五年九月、石田三成が兵を挙げると、幽斎父子は関東側に味方し、忠興は家康に属して小山《おやま》陣に従った。三成の兵が来て田辺の城を十重二十重《とえはたえ》に囲み、幽斎は寡兵（少ない兵）で孤城を守ったが、落城寸前となった。ところが幽斎は歌道の名人だったので、時の帝後陽成《ごようぜい》天皇は、幽斎が討ち死にすれば『古今集』の伝授（歌道指導）が絶え果ててしまうことを深く嘆き、三条西実隆《さねたか》・日野光宣《みつのぶ》の両卿を勅使として田辺に送り、開城することを幽斎に命令した。幽斎は皇命に従い城を敵に明け渡し、古今伝授の書を勅使に捧げ、自身は亀山城に移り、次いで高野山に逃れた。もしこの勅命がなかったら幽斎は討ち死にしたであろう。円満の中にもこの不円満の点があり、幽斎の幽斎たるゆえんはここにある。争わねばならぬときには、どこまでもこれを争うのが大和魂をもつ日本男子の本懐である。

◆若いときの苦労とケンカは買ってでもせよ

年の若い元気の充満している青年が、一にも円満、二にも争いを避けようというような精神で世に立つと、自然卑屈に流れてしまうであろう。老人はともかくも、青年は他人の顔色をうかがって争いを避けようなどと考えず、争うところはどこまでも争っていく決心を、常に胸中にもっていなければならない。この決心がなければ、青年は死んでいるのと同じである。みだりに人に屈従せず、他人と争って正しい勝ちを制するという精神があればこそ、進歩発達を得ることができるのだ。

反発心のない青年は、たとえば塩の辛味が抜けたようなもので、いかんともしがたい。独立独歩とか、艱難《かんなん》（目的を大成するまでに経験する苦労）をなめて立身出世をするとかということも、つまり争いを辞さぬ覚悟のあるところから生じるものである。この覚悟がなければ、青年はけっして世の中に立って成功するものではない。大隈重信は常に、争いは国を富ますものであるといっていた。私が今日ともかくも世に立っているのも、まったく信ずるところは曲げないで、争うべきところはあくまで争ってきた結果であると思う。

争いをしいて避けぬと同時に、争うべき時期の到来を待つことも必要だ。世の中のことは因果関係に支配されるものなので、この意味をよく噛《か》みしめなければならない。すでにある事情が因となって、その結果を生じているのに、突然その形勢を転換しようと争ったところで、因果関係は簡単に変えることは困難で、とうてい人力で左右できるものではない。こんな場合にはじっくりその形勢を観察して、気長に時期の熟すのを待つことを忘れてはならない。

◆謀将・毛利元就《もとなり》の気の遠くなるような「知慮円熟」ぶり

その一例は、毛利元就が防州の陶全薑《すえぜんきょう》（隆房、後に晴賢《はるかた》と改名）を倒したことである。

はじめ全薑が主君の大内義隆を殺したのは、天文二十年九月朔日《ついたち》である。元就は隣国安芸《あき》の将である。全薑を討とうとすれば、即時に兵を出すこともできた。しかしこれをせず、四年の間形勢を傍観し、そして天皇に請うてその罪を非難し、弘治元年十月全薑を厳島《いつくしま》で破ったのである。

これを秀吉が遠く中国で毛利の大軍と対戦中、信長が光秀に殺されたのを聞くやただちに毛利と停戦し、都に引き返して光秀と戦い、信長の死後わずか十三日で山崎で滅ぼしたのに比べれば、すこぶるのんびりしたように見える。しかし、元就の四囲の事情を観察すると、その身は安芸吉田で起《た》ち、わずかに一州を平定しても、出雲に尼子《あまご》晴久《はるひさ》という強敵があり、大内は六州の太守で中国一の大国二十余代も続いた旧家である。陶も名門でしかも九州の重鎮大友義鎮《よししげ》（宗麟《そうりん》）が後ろ盾だ。容易に手出しもならず時節の到来を待っていたのである。これこそ元就の知慮円熟であろう。

この教訓は要するに、自分の正しさを外から曲げようとする者、自分の信じるところを外から屈服させようとする者があれば、断乎としてこれと争うと同時に、一面気長く時機の到来を待つ忍耐もなければならない、ということである。

3 生まれもった資質にさらに磨きをかける法！

子夏《しか》問うて曰《いわ》く、巧笑倩《こうしょうせん》たり、美《び》目盼《もくはん》たり、素《そ》以《もっ》て絢《あや》をなすとは、何《なん》の謂《いい》ぞやと。子《し》曰《いわ》く、絵の事は素《しろ》きを後《のち》にすと。曰く、礼は後かと。子曰く、予を起《おこ》す者、商《しょう》や始めて与《とも》に詩をいうべきのみ。［八佾《はちいつ》］

三島中洲《ちゅうしゅう》（漢学者）の解釈によると、次のようになる。

「子夏が孔子に質問する。

『巧笑倩たり、美目盼たり、素もって絢をなす、という詩はどういう意味ですか』

これは美人のことを表現した詩で、詩そのものの本来の意味は、女が巧みに笑って、口もと頬《ほお》のあたりにしたたるばかりの愛嬌《あいきょう》がある。その目は白目と黒目がはっきりとして鮮やかである。こういうもって生まれた美質は、粉飾を用いなくても、生地《きじ》のままで美しいということである。

しかし、『素もって絢をなす』の一句は素を用いて絢をなすという意味なのか、あるいは素がすなわち絢であるという意味なのか、またあるいは素があって絢を加えるという意味なのか、いかようにも解釈できる句なので、子夏が質問したのである。

孔子はこの詩の本来の意を転じて、こういう天然の美質のうえに、さらに白粉《おしろい》を施して化粧すれば、いよいよその美を発揮して絢麗《けんれい》となると解釈した。これを絵画にたとえて、

『絵画において、すでに五彩を塗り終えた上に、さらに白粉を用いてこれを鮮麗にするのと同じである』

と答えたのである。

子夏は、はじめはただ詩の意味を質問しただけだったが、孔子のこの言葉を聴き、たちまち礼のことに悟るところがあった。

また質問する。

『このような場合は礼は後か』

その意味は人たるもの、内に誠実の美質があって、さらに礼を学びその外を飾れば、その誠実はいよいよ発揮して、行ないやすい。内に誠実の質がなければ、いたずらに礼を学んでも利益はないということである。

孔子はここで子夏の聡敏《そうびん》な才能を感じ、

『おまえは実に私の気づかないところに気づき、私を呼び起こし私を啓発してくれた。詩を学ぶのは、このように言外の意味を発見してこそ、大いに益するところがあるものである。おまえのような聡敏な者なら、はじめてともに詩を語ることができる』

と深くこれを誉めたたえた。

『素もって絢をなす』の意味は粉飾を用いず『素がすなわち絢なり』というのが詩人の本意である」

◆ヒラメキをつかむ〝新鮮な疑問符〟がいつも頭にあるか

このように三島中洲は、詩を読む者は新意を発見することを尊ぶと断定して、孔子の学問は「知学」の学であって、いたずらに古《いにしえ》を大事にする「守旧」派ではないことを証明しているのは、一段進んだ見方といわざるを得ない。私の大いに敬服するところである。人は誠実の美質をそなえていなければ、もとより取るに足らない。しかし、この美質をそなえただけで、文学をもって修飾できなければ、人格・才能が野卑《やひ》で文明社会の紳士といえない。「学而篇《がくじ》」に、「行うて余力ある、則《すなわ》ち以て文を学ぶ」（第一章の5参照）とあるのもこの意味にほかならない。

本項は三島中洲の説のように、詩を読む者は新意を発見することを尊ぶという意味を示したものである。これは詩を読む者にかぎらず、すべて学問でも芸術でも、現在の意味よりさらに新たなる工夫を発見することを、日々新たなる生きた学問としている。いたずらに古きを尊び古きにこだわるのは、孔子の教えではないということを知るべきだ。今の人は、ややもすれば孔子・孟子の学問は保守的な固陋《ころう》（物の考え方が古く、新しいものを受け入れようとする態度が見られない）学《がく》だとしているが、これはまだ孔孟学の真意を知らない者といえる。今日、英仏米などの文明国で盛んに『論語』を翻訳して学者が争ってこれを研究し、新世界に応用しようとするのを見ても、その学問の素質に「知新」の意味が含まれているのは明白である。

さて今の青年は外見上の体だけ飾って、風采《ふうさい》を整えることには余念がないようだが、精神を飾るのを忘れているようだ。だから恥を知る心は日々に消え失せ、破廉恥《はれんち》な行為が新聞紙上に掲載されない日はない。ことに男女間の情操は言語道断である。これは精神の修飾を怠り、品性が堕落した結果で、文明社会の紳士淑女にあるまじき行動である。

4 点でとらえず線で考えれば〝全体〟が見えてくる！

子《し》曰《いわ》く、管仲《かんちゅう》の器《き》小なるかな。或《あ》る人曰く、管仲は倹《けん》なるかと。曰く、管氏《かんし》は三帰《さんき》を有《ゆう》して、官事《かんじ》摂《せつ》せず。焉《いずく》んぞ倹なることを得《え》ん。然《しか》らば則《すなわ》ち管仲は礼を知るか。曰く、邦君樹《ほうくんじゅ》して門を塞《ふさ》げば、管氏もまた樹して門を塞ぎ、邦君両国《りょうこく》の好みをなすに、反坫《はんてん》あれば、管氏もまた反坫あり。管氏にして礼を知らば、孰《いず》れか礼を知らざらんや。［八佾《はちいつ》］

管仲は斉《せい》（今の山東省）の桓公《かんこう》の宰相となって、桓公をたすけて諸侯に覇《は》たらしめた人物で、周公以後五百年に一人の傑物として、人々に尊敬された。ところが、孔子は管仲を批評してその才能の小ささを嘆いた。つまり管仲は覇業を成就させたが、王業を興すことができなかったからであろう。

ある人がこれを聞き、その理由がわからず、

「孔子は、ひょっとして管仲が倹約家であることを指して器量が小さいと評したのだろう」

と思った。そして、

「管仲は倹約家だったのですか」

と質問した。孔子はこれに答えて言った。

「いや、管仲は三つも邸《やしき》をもち、また家臣に仕事を兼務させせず、それぞれに専任の人を置いている。これは倹約とはいえない」

ある人は、さらにこれが理解できず、

「管仲が倹約家でないとすれば、それなら礼をそなえていましたか」

とまた尋ねた。孔子はまたこれに答えて、

「いや、管仲は君主に対して僭越《せんえつ》で礼を失している。その証拠は、諸侯は門の内に屏《へ》を設けて内外を蔽《おお》い隔てるが、大夫《たいふ》（家老）はただ簾《すだれ》で内外を隔つべきものである。しかし、管仲は僭越にも屏を設けて門内を蔽っている。また諸侯は他国の君主と宴会をするときは、酒杯を置く反坫（酒杯を置く台）を設けるが、大夫以下ではこれを設けることはできない。

ところが管仲は僭越にも、自分の家にも反坫を設けた。管仲のやることなすことすべてこのようなありさまで、これで礼を知っているといえば、天下に誰一人礼を知らない者がいないことになる」

と言った。孔子はまた管仲の礼を知らないことを痛烈に批判したのである。

孔子は管仲の器が小さいと言い、ぜいたくで倹約家ではないと言い、また礼を知らないと断言する。管仲をけなすことははなはだしい。

孔子が没して百年後に孟子が出て、孔子の意志に基づいてますます王道覇道の別を明らかにした。ここで天下後世はじめて王を補佐して善政をしく仕事（王道）があることを知り、管仲の覇業の評価が下がった。

頼山陽《らいさんよう》をはじめ学者が王道を唱え覇政をいやしむようになった源は、遠くこの項にあることを知るべきであろう。

そしてこの論旨は嘉永《かえい》・安政以来、志士たちによって勤王論《きんのうろん》に具体化され、ついに明治維新の大業が成就したのである。

◆孔子一流の「二つの目」の使い方

孔子は管仲の器が小さいといってけなしたが、同じ『論語』の中で、「憲問篇《けんもんへん》」においては、

「管仲なかりせば、吾それ髪を被り衽《じん》を左にせん」（管仲がいなかったら、私たちは蛮族の夷狄《いてき》に支配されることになったであろう、の意。髪を垂らしたまま冠をかぶらず、衣服を左前にあわせるのは夷狄の賤《いや》しい風習である）

といって、たいへん誉めている。

今この項と対照して観察すれば、前後矛盾して孔子はあたかも二枚舌を使ったように見えないでもない。

だがこの二つを熟読すればけっしてそうでない。一面において管仲を非難し、一面において管仲を称賛したところに、孔子がけっして一方にかたよらず、公平無私の批

評をすることが見えるのである。

凡人は感情に走りやすく、一度称賛した人をあくまでもかばうと同時に、いったん非難した人はどこまでも悪人視するものであるが、孔子はけっしてこういう過《あやま》ちを犯さず、善を善とし悪を悪とし、是《ぜ》を是とし非を非として公平な批評をしたのである。

管仲が生まれた周末春秋時代《しゅうまつしゅんじゅう》は、群雄割拠の世の中で、天下に統一力がなかった。管仲は斉の桓公をたすけて諸侯に覇たらしめ、その一致団結の力によって、蒙古《もうこ》族などの中国侵入を防ぎ、中国の文化平和を維持させた功績は、けっしてこれを忘れるべきでない。孔子は、この功績を称賛したのである。そして、それがさらに一変して王道に進み、周の転化を再興し得なかった点をその器は小さいと評したのであろう。まことに公平無私で正確な人物批評と言わざるを得ない。

5 一見不幸も〝考え方一つ〟でこんなに幸せなことはない！

儀《ぎ》の封人《ほうじん》見《まみ》えんことを請《こ》うて、曰《いわ》く、君主のここに至るや、吾《われ》未《いま》だ嘗《かつ》て見ゆることを得ずんばあらず。従者これを見えしむ。出《い》でて曰く、二三子《にさんし》何《なん》ぞ喪《そう》することを患《うれ》えんや。天下の道なきや久し。天将《てんまさ》に夫子《ふうし》を以《もっ》て木鐸《ぼくたく》となさんとす。【八佾《はちいつ》】

孔子が魯《ろ》の国を去り、衛《えい》の国の儀《ぎ》という辺地に来たとき、土地の役人がやって来た。そして、

「賢者がこの地に来られたときは、私は必ず面会した。どうぞ孔先生にもお目にかかりたい」

と願い出た。孔子の徳を慕って来たものである。

孔子に随行した門人は、孔子に取り次いで面会させた。この役人は地位は低いが、識見をそなえたなかなかの賢人で、深く孔子の聖徳を感知した。そして退出するとき門人にこう語ったという。

「みなさん、先生が地位を失って国を去られることを心配することはありません。天下の政道が乱れて久しい。天はこれを憂いて、世直しさせようとして、孔先生を

天下に周遊させて広く道を行なわせたのです。ちょうど木鐸（鈴の形をしたドラで、木製の舌がついていて音を発する）を鳴らして政府が命令を施行するように、ことさらに国を去らせたのです。

その地位におられようとおられまいと気をもむことはありません。地位におられれば直接に善政を民に施し、地位におられなければ間接に善道を人に教えてくださる。孔先生のような聖徳ある人は、地位におられればもとより世を益し、地位におられなくてもまた世に益をもたらしてくださる。だから地位を失って国を去ることになっても心配することはありません」

まさにそのとおりで、木鐸のように世を教化指導する人が孔子である。

第四章

この心意気、この覚悟が人生の道を開く

1 この心がけ一つで身を“火宅《かたく》”に置くことはない！

子《し》曰《いわ》く、里《り》は仁《じん》を美《よし》となす。択《えら》んで仁に処《お》らざれば、焉《いずく》んぞ知を得んや。［里《り》仁《じん》］

孟子はこの項の言葉を引用して、

「仁は天から授かる位であり、人の安住できる場所である」

といっている。村里は都会と違って仁の厚い風習があり、こういう土地にいれば、朝夕接する人はみな仁に厚く、見るもの聞くものすべてよい風俗なので、自然に徳が育ち、老いも若きも仁に厚い風習が身についてくる。もし住居を選ぶならば、このようなよい風俗のある村里がよろしい。

昔の学者の説は以上のようなものであるが、私はこの解釈だけでは物足りないので、これを少し拡張して広義に解釈したい。孔子の精神は、おそらくはどこに住んでもかまわないから、「仁徳」を自分の心の拠《よ》り所としていなければならないという意味だ

ろうと思う。孔子が別のところで、

「君子《くんし》これに居《お》らば何の陋《いやし》きことかこれあらん」（「子罕篇《しかんへん》」――どんな所、どんな土地であろうと、そこに君子が住めば自然と文化に化せられるものです。いやしい、むさ苦しいなどということはないものです、の意）

といっているのを見ても、その意味のあるところがわかる。

仁徳に安住して、これをわが心の住む里と心得ている人は、これによって立派な人格をつくり、心身ともに豊かである。もし心を名利《みょうり》に奪われてその日暮らしをする人は、実に気の毒千万である。仁徳を心の安住地とせず、身を火宅（平安のない苦に満ちた世界）に置く人は、けっして知者とはいえない。真正の知者は必ず仁に一致し、徳に一致するはずである。徳を離れた知はなく、仁をはずれた知はない。

私は武州深谷駅より北一里の血洗島《ちあらいじま》という片田舎の戸数五、六十の小さな村に生まれた。文久三年十一月八日、私が二十四歳のとき郷里を出たのは、幕府を倒して志を天下に行ないうる政治家になろうという意気込みであったから、郷里のことはまるで頭になかった。明治三年東京に住居して一人前の生活をするようになってからは、『論語』に説かれた孔子の教訓を理解するようになり、幾分なりともわが生まれ故郷のために尽くしたいという気になった。

これもひとえに「里は仁を美となす」と教えた孔子の教訓を実践したいと考えるようになったからである。

◆〝人情の自然〟を大切にする人の心の豊かさ

人間はわが身を思えば直ちにわが家を思い、わが家を思えば直ちにわが故郷を思うものである。これは人情の自然である。この故郷を思う人情が発達して愛国心となり、さらにいっそう拡張されて世界人類の上に及ぶものを博愛という。世界人類のために尽くし、あるいは国家同胞のために尽くそうと思えば、まずその根源にさかのぼり、わが故郷を愛し、わが家を愛さなくてはならない。近きより始めて遠きに及ぼすのが自然の順序でもあり、人の常識でもあろう。

私はこの精神を抱いて以来、郷里のために微力を尽くしている。できるかぎり仁厚《じんこう》(慈悲の心が深いこと)の風が長く郷党《きょうとう》(郷里)に行なわれるようにしたいと思って、農業をしている甥《おい》たちに申し聞かせて、村内に率先して純朴の風を守らせている。

村内では私の家が大頭株《おおあたま》で甥たちが村の世話をみているので、率先して純朴の風を守れば、村内全般も自然にこれに見習う。そして私の希望したように、他の村落のような競争とか足の引き合いとかという弊害もなく、人々は親しみ合って、よく純朴の美風を保っているように見受けられる。

しかし、醇風美俗《じゅんぷうびぞく》（思いやりがあり、美しい生活習慣）だけではだめである。醇風美俗と同時に世界の新知識を常に輸入して各自の職業にも応用し、文明開化の域に到達しなければならない。そのためには学校教育に重きをおき、小学校長や教員にその人を得るが第一のことだと信じ、実現に力を貸した。

「心は環境に従って変転する」と臨済《りんざい》和尚がいったように、人は境遇しだいで、心はどのようにも転変する。「孟母三遷《もうぼさんせん》」の教えもこれのためで、本項の孔子の教えもまたこれをいっている。

孔子の深意は繰り返しになるが、仁徳をわが心の安住すべき村里にしなさいということだ。換言すれば、身を仁厚の里に置くのは有形上のことに属し、心を仁厚の域に遊ばせるのは無形上のことに属する。有形上のことはいうまでもなく、たいへん有益である。一歩進んで無形の心の働きに至れば、その益はさらに大きなものになる。無形の心が仁厚の里に安住すれば、その心意が発して形而上《けいじじょう》（形をもたない理念的なもののこと）に現われる一挙一動はすべて厚い仁慈（いつくしむこと）の心となろう。これが「里は仁を美となす」の究極の境地である。

❷「仁」一つでどれほど人間は強くなれるか！

子《し》曰《いわ》く、不仁者《ふじんしゃ》は以《もっ》て久しく約《やく》に処《お》るべからざるなり。以て長く楽《らく》に処るべからざるなり。仁者は仁に安んじ、知者は仁を利《り》す。［里仁《りじん》］

仁の徳を体得していない人は、長期にわたって困難な生活を続けることはできないし、逆に安楽な生活を続けることもできないものだ。

これに対して仁を体得した人は、仁の道に生き、そのことに安心を得ている。また知者はしばしば、仁を自分の利益のために熱心に欲することがある。約とは窮乏した生活のことである。

仁の道にはずれた者はその良心を失っているから、正しい行動ができない。困窮すれば我慢ができず、飢えや寒さに勝てず、人道をはずれて悪行《あくぎょう》に走る。

また反対に、富を得ればおごりたかぶり、分を忘れて気ままな振る舞いをして、長くその境遇にとどまることができない。

ところが仁者はその心が仁と一致し、常に仁に安んじ、富や位を得てもおごらず、貧困に陥ってもうろたえず、どんな境遇になってもその道をはずれることがない。

知者はいまだ仁者のような仁に安んずる境地に到達してないが、世を処するには仁によるのが安全なことを知っており、これを利用して道を見失わず、苦境に立っても乱れることがない。仁者と知者とは、その仁に対する姿勢の深浅はあるが、自分の境遇のために心を奪われない点は同一であって、けっして不仁者のようにはならない。

3 ときに人を憎むことも大きな美徳になりうる！

子曰《しいわ》く、ただ仁者《じんしゃ》のみ、能《よ》く人を好《よみ》し、能く人を悪《にく》む。

【里仁《りじん》】

善《よ》いことを善しとし、悪いことを悪いとする。私心のない公平さをもっているから、人を愛することも憎むこともできるのである。

中国の昔、舜《しゅん》帝が四凶（四人の悪人。共工《きょうこう》・驩兜《かんとう》・三苗《さんびょう》・鯀《こん》）を憎んでこれを誅殺《ちゅうさつ》し、民はその害から免れた。わが国では天智天皇が蘇《そ》我入鹿《がのいるか》を誅して天下はその害から免れ、徳川家康は四天王や天海《てんかい》、惺窩《せいか》などを用いて国内の安泰を図った。これこそ好悪の用を尽くした好例であろう。

ふつうの人には善悪の判断が難しい。判断に迷って好悪を誤り、あるいは利害の念にひかれて、その善悪がわかっていても、好悪の使い分けができないものである。その点、仁者だけは、一点の私心もないから、利害のために判断の目が曇らず、愛すべきを愛し、憎むべきを憎んで意志を曲げず、進退賞罰がきわめて当を得ている。

4 自分を大切にせよ、だが自分だけを偏愛するな！

子曰《しいわ》く、苟《いやし》くも仁に、志す。悪《あし》きことなきなり。［里仁《りじん》］

人間が悪事をなすのは、他人と接触するとき、自分を偏愛することから始まる。つまり利己主義のなせるわざである。仁者の場合は広く大衆を愛して利己を考えない。仁に生きることは、純粋な心で行動することであるから、少なくとも仁に志し、仁に生きようとするならば、その心に悪が生じるわけがない。

人間は自分の利益幸福のためだけでなく、他人の利益幸福のためにも働かなければけっして栄えることはできない。特に若い人は十分にこれを心得て、私利私欲だけに走らず、他人のため国家のためにも力を尽くしてほしい。あの関東の大地震において、世界ことにアメリカ合衆国国民の深い同情と救援は、まことに「仁に志す」という言葉どおりの好実例である。

『大学』の伝十章《でん》に「民の好むところこれを好み、民の悪《にく》むところこれを悪む。これをこれ、民の父母という」とあるが、本項の意味と同じである。

5 孔子の頭の中の〝算盤《そろばん》〟は何でつくられていたか！

子曰《しいわ》く、富と貴《たっと》きとは、これ人の欲する所なり。その道を以《もっ》てこれを得ざれば、処《お》らざるなり。貧しきと賤《いや》しきとは、これ人の悪《にく》む所なり。その道を以てこれを得ざれば、去らざるなり。［里仁《りじん》］

富と地位とは万人の欲するところである。しかし、これを得るためにはそれ相当の方法がある。つまり学を修め功を立て、身をつつしみ徳をそなえることだ。富貴そのものはもとより悪いものではなく、青年の目的としてもよいが、これを獲得する手段方法については、慎重な態度が必要であるというのが、孔子の趣意であろうかと思われる。

ところが従来の学者の説では、往々にして本項の「人」を悪人の意味に解釈して、富と地位は悪人の欲求するものであって、これを獲得するには不正な方法をもってする必要があるから、君子《くんし》はこれに近づいてはいけない。富と地位とが外より舞い込んできても、これを避けるべきであるかのように説いたりする。

これはまったくいわれなき偏見である。孔子の趣意は正道でなく、無法をあえてして獲得した富貴が悪いというだけのことである。

わが国の近い一例は柳沢吉保《よしやす》が徳川五代将軍綱吉に深く取り入って、徳川一門に准《じゅん》ぜられ、百万石のお墨付《すみつき》をもらったというようなことを指すのであって、正道を踏んで得た富貴は、けっしていやしみ棄《す》てるべきものではない。

元弘の昔、楠木正成《くすのきまさしげ》が義兵を金剛山に挙げて北条《ほうじょう》百万の兵に抵抗し、名和長年《なわながとし》が後《ご》醍醐《だいご》天皇を船上山に奉じて義兵を挙げ、新田義貞《よしさだ》が鎌倉を攻めて北条高時を倒し、それぞれその功によって正成は摂津《せっつ》・河内《かわち》二州の守護に、長年は因幡《いなば》・伯耆《ほうき》両国の守護に、義貞は上野《こうずけ》・下野《しもつけ》の守護に任じられたが、これはみな正当な手段で得た富貴である。

◆実業を先駆けた商人、三井宗寿《そうじゅ》の眼のつけどころ

また富の面から見ても、三井家は徳川二代将軍秀忠《ひでただ》時代に伊勢国《いせのくに》松坂で、三井宗寿という人が呉服屋を始めたが、その頃すでに相応の財産をもっていたらしい。この時代の富豪はもっぱら大名に金を貸して利息を取るのが商売で、これにより利益を得ていたが、宗寿は富豪が金貸しばかりして世を渡るのはよくない、実業をしなければ真の社会奉仕ではないと考えて、呉服店を開業したそうである。この商売のやり方が、世人の便利を計ることにあったので、大いに繁昌《はんじょう》したのだという。「積善《せきぜん》の家に余慶《よけい》あり（善行を重ねる家にはめでたいことが集まる）」というとおり、三井家が今日まで繁昌したのは偶然のことではない。

その他大阪の鴻池《こうのいけ》にしてもまた酒田の本間《ほんま》にしても、いずれも富豪として今日なお存続するのは、その祖先が陰徳を積み、富を得るのに正当の道をもってしたからで、誰もこれを悪いというものはいない。

『論語』の「雍也篇《ようや》」に孔子は、博《ひろ》く民に施して大衆を救う者ならば、これは仁以上の仁で、聖人と称すべきだといっている（第六章の18参照）。

広く民に施そうとすれば財産がなければならず、大衆を救おうとすればこれまた資本が必要だ。何事をするにも先立つものはやはり金銭である。いかに民に施し大衆を救おうとしても富がなければその希望を達しえない。ない袖《そで》は振れない。今日の文明政治を行なうには、ますます富の必要があるのである。

算盤を取って富を図るのはけっして悪いことではないが、算盤の基礎を仁義の上においていなければいけない。私は明治六年に役人を辞めて、民間で実業に従事してから五十年、この信念はいささかも変わらない。あたかもマホメットが片手に剣、片手に経典を振りかざして世界に臨んだように、片手に『論語』、片手に算盤を振りかざして今日に及んでいる。

貧乏と卑賤《ひせん》（身分、品位が低いこと）は誰しも嫌うものである。しかし、その貧乏と卑賤に陥るにもまたそれなりの理由・原因がある。不学無術で徳がそなわらず行ないが修まらなければ、それは貧乏と卑賤への道である。こうした連中は貧乏と卑賤に甘んずる以外ない。

これは当然のことだが、時としては、学問が上達しても人に知られず、行ないが修まっても採用してくれないこともある。これは不当なる貧賤ではあるが、こんな場合でも、君子は安んじてこれに耐え、悪あがきをしない。小人《しょうじん》はこれに反し貧苦に迫られると、破れかぶれで非行に走ってしまう。

君子は富貴に処しても貧賤に処しても、ただ道義に適合することを求め続ける。境遇の変化によって心を奪われてしまうことはない。

6 大人物はいざというときほど風格が現われる！

君子《くんし》仁《じん》を去って、悪《いず》くにか名を成さん。君子は食を終《おわ》るの間《あいだ》も仁に違《たが》うことなし。造次《ぞうじ》にも必ずここにおいてし、顚沛《てんぱい》にも必ずここにおいてす。［里仁《りじん》］

君子の君子たる価値は、仁徳がそなわっているからだ。仁を離れてどうして君子と名づけられようか。天下のすべての善はみな仁から出ている。仁から離れて名を上げようとすれば、いたずらに悪名だけとなる。だから君子は食事の間も仁からはずれることなく、いかに火急の場合でも仁を離れず、必ず仁をもって対処する。またいかに急変や失敗の際でも、けっして仁を離れず、平常無事のときと同様に仁とともにあるべきである。

7 渋沢流「仁愛」による“プラスの過《あやま》ち・マイナスの過ち”

子《し》曰《いわ》く、人の過ちや、おのおのその党においてす。過ちを観《み》てここに仁を知る。［里仁《りじん》］

人の過ちというものは、それぞれの人の性質によって違っている。仁が厚くて犯す過ちもあれば、薄情で犯す過ちもあり、過ちの仕方によってその人の仁のあり方を知ることができる。党は郷党のこと。

明治維新の豪傑で、西郷隆盛は仁愛に過ぎて、過ちを犯した。彼はあくまで人に親切で、部下の青年に対しても仁愛に過ぎ、一身を同志仲間の犠牲として捧げて明治十年の西南戦争は起こったものである。木戸孝允《たかよし》も仁愛に傾いた人であるから、過失があったとすれば、仁愛に過ぎたことからきたものであろう。

これに反し肥前《ひぜん》の江藤新平は、残忍に過ぎる人であった。彼は人に接すれば、何はさておきまずその人の欠点を見破ることに努め、人の長所を見ることは後回しにした。佐賀の乱を起こして政府と戦ったが、けっして仁愛心から出たものではなかった。

そもそも仁愛に過ぎるのと残忍に過ぎるのと、どちらがよいかといえば、仁愛に過ぎて過失をする人のほうがよいことは論を待たぬが、本項に孔子が「人の過ちやおのおのその党においてす。過ちを観てここに仁を知る」といっているのも、この意味だと思う。人はたとえ過失を犯しても、それが仁愛に過ぎたことから起こったものでなければならないと諭されたものであろう。

◆「仁」半分に「不仁」半分だった大久保利通《としみち》

大久保利通は、西郷と江藤との中間にいた人である。仁半分に不仁半分といった傾向の人であった。彼は明治七年、軍事司法の全権を帯びて佐賀に行き九州臨時裁判所を開き、大判事河野敏鎌《こうのとがま》に江藤新平の梟首《きょうしゅ》（さらし首）の刑を宣告させ即時執行した。

この点は今日に至るまで酷に過ぎるという議論がある。

三条実美《さねとみ》は外柔内剛《がいじゅうないごう》（外見はおとなしそうに見えるが、意志は人一倍強いこと）だが、これまた仁愛の人であった。

彼は明治四年九月十三日太政大臣に任命され、十八年十二月二十三日の詔勅で伊藤博文がはじめて内閣総理大臣に任命されるまで、十五年間日本国の大政を司《つかさど》ってきたほどの人だから、内に剛気がなくてはとてもその重任に耐えられるものでない。しかし、仁愛に富んでいる欠点として、ややもすれば無定見（定まった見識のないこと）のそしりを免れなかった。

8 この心意気、この覚悟が人生の道を開く！

子曰《しいわ》く、朝《あした》に道を聞けば、夕《ゆう》べに死すとも可《か》なり。［里仁《りじん》］

道を求めるのに時間を惜しんで励めと、孔子は説いている。人として人たる道を知らなければ、人ではない。自分はすでに老いて余命いくばくもないなどといって、学問を捨ててしまった者に説き聞かせる。

「人は必ず学ぶことで道を知ることができる。朝に真実の人の道を聞いたら、その日の暮れに死んだとしても後悔しない。その死は、人の道を全《まっと》うして死んだのである。禽獣《きんじゅう》（鳥や獣）と同じではない。まして、必ずしもすみやかに死ぬわけではなく、すでに聞いた道を事物に応用できる」

朝夕というのは、時間の短さを極言して人をすすめる言葉である。孔子が死を好んで厭世観《えんせい》を述べたものではない。

わが国の尊王攘夷《そんのうじょうい》に奔走した人とか、維新で国事に尽くした志士は、たいてい自分の信奉する主義を、士道すなわち孔子のいう人の道と信じ、この主義を実行するためには、たとえ一命を捨てても意に介さずと、この「朝に道を聞けば、夕べに死すとも可なり」の語句を金科玉条《きんかぎょくじょう》（強いよりどころ）として遵奉《じゅんぽう》（法や道徳に従って侵さないこと）し、活動したのである。

こういう私も、文久三年二十四歳で尾高藍香《おだからんこう》、渋沢喜作《きさく》らと謀り、旗挙げして高崎城を乗っ取り、ここを拠点に兵を集め、高崎から鎌倉街道を通って横浜に出て、洋館を焼き払い外国人を掃討《そうとう》して攘夷の実を上げ、幕府を倒そうともくろんだ頃には、やはりこの語句を志士の守るべき金科玉条と心得ていた。

京都で尊攘説を主唱していた橋本左内《さない》や梅田源次郎（雲浜《うんぴん》）や頼三樹三郎《らいみきさぶろう》もこの主義を抱き、安政五年幕府に捕えられて、井伊大老により小塚原で斬罪《ざんざい》に処せられたが、これも主義に倒れるものと信じて少しも悔いるところがなかった。翌々年の万延《まんえん》元年三月三日、井伊大老を桜田門外に刺した水戸浪士や薩摩《さつま》浪士有村次左衛門《ありむらじざえもん》なども、この暴挙で処刑されることは百も承知で、尊攘の目的のためには一命を捨てて大老を刺すのが士道であると信じたのである。

維新前後の志士は、みなこの語句をわが精神として驀進《ばくしん》した。その後も刺客はたび出たが、大久保利通を刺した島田一郎も、星亨《ほしとおる》東京市会議長を刺した伊庭想太郎《いばそうたろう》も、原首相を刺した中岡艮一《こんいち》も、一命をなげうってこれを倒すのが道であり義であると信じたのであろう。

しかし、孔子はこういうことをすすめるために、この語句を説いたものではない。ただ一命に代えても道を重んずべきことを教えたのである。

9 人生、一歩下がってみることで全体がよく見え、すべてがうまくいく！

子曰《しいわ》く、能《よ》く礼譲《れいじょう》を以《もっ》て国を為《おさ》めんか。何かあらん。礼譲を以て国を為むる能《あた》わざれば、礼を如何《いかん》せんや。［里仁《りじん》］

「虚礼（見かけだけで実をともなわない礼儀）では国を治めることができない」ことを説いている。礼譲で国を治めることを示しているが、この場合、「礼」より「譲」の字のほうに重点を置いて考えるとよい。礼譲は国の幹である。その礼譲を捨てて政治をすれば、人々は利欲をほしいままにして互いに奪い合う。

孔子は言う。

「人の上に立つ者が礼譲の『譲』をもって国を治めることは容易なことで、なんの難しいことがあろうか。これに反して、『譲』が抜けていれば、どんなきれいごとを並べても、これはただの虚礼になって、どうして治めることができよう」

今日世界を見渡すと、国も人もこぞって権利を主張し、礼譲をおろそかにする傾向があるようだ。これは大きな間違いだ。主張すべき正当な権利は主張してもよいけれども、権利主張の一点張りとなって少しの譲り合いもしないとなれば、その主張は正義の域を脱して放縦《ほうじゅう》（勝手気ままにふるまうこと）となり、国にあっては弱国を攻めて併呑《へいどん》（他国を自国の支配下に入れること）し、人にあっては庶民を駆使して富をつくり、そのあげく怨恨《えんこん》の的となって自滅することになる。要するに国家も個人も礼譲を根幹として、国政に励み職業を遂行すれば、世の中は平和になるというのである。

10 自分に自信がない人ほど他人の目が気になる！

子曰《しいわ》く、位《くらい》なきことを患《うれ》えず、立つ所以《ゆえん》を患う。己《おのれ》を知ること莫《な》きを患えず、知るべきことを為《な》すことを求むるなり。［里仁《りじん》］

君子《くんし》の学問は己に求めて、他人に求めないことである。

人はみな自分が認められず、地位を得られないことを気にやむけれども、これは間違いだ。地位というものは人が認めてはじめて授けられるもので、自分の力ではどうすることもできない。これを悩むのは無益なことだ。

だから君子は地位のないことを悩まず、地位を得てその職に就いたときは、認められた力を十分発揮するにはどうしたらよいかを常に研究して、自分にその力が不足していないかどうかを考える。また世間が自分の実力を知らず、推挙してくれる者がいなくても、けっしてこれを気にやまず、さらに自分に力をつける努力をするとよい。このように自ら励んで、人を責めるようなことはしないこと、すなわち『論語』開巻第一の「人知らずして慍《いきどお》らず」（第一章の1参照）の精神である。

ところが世の青年たちは、ややもすれば地位を得ないから腕を振るうことができないと不平を鳴らす。こういう人は、たとえその地位を得ても自分が思っていたように仕事ができるものでない。そしてまた、その望むような地位は容易に得られるものでない。

それなら空想を描いて現在の境遇に不平を鳴らすよりも、現在の境遇にいて、自分がはたして役に立っているかどうかを考え、その仕事に全力を傾注するがよい。そうでなければ何年経っても、真の安心立命は得られない。毎日を不安、不平の念に駆られながら生活しなければならないことになる。

これが孔子の「位なきを患えずして立つ所以を患えよ」という教えである。

人はいかに自分を世間に認識させようとして、自己を吹聴《ふいちょう》して歩いたところで、世間はそう簡単に認めてくれるものではない。それよりも、平素の修養によって着実に実力を養成し、実行によって実績を上げるようにするがよい。こうすれば、あえて自ら求めなくても、その人の力は世間に知られるようになるものである。

11 「思いやり」をカラ回りさせないためのこの秘訣！

子《し》曰《いわ》く、参《しん》や、吾《わ》が道一《いつ》以《もっ》てこれを貫《つらぬ》くと。曾子《そうし》曰く、唯《い》と。子出《い》づ。門人問うて曰く、何の謂《いい》ぞやと。曾子曰く、夫子《ふうし》の道は、忠恕《ちゅうじょ》のみ。［里仁《りじん》］

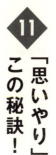

曾参《そうしん》（曾子）は孔門賢哲《こうもんけんてつ》の一人である。また孟子・顔淵《がんえん》・曾参・子思《しし》の四人を選んで四配《はい》と称し、孔子を祭るときには、この四人を陪賓《ばいひん》（主賓とともに招かれる客）として一緒に祭られる。曾参は学問が深かっただけでなく、非常に親孝行な人で、『孝経』も彼の手で完成したという。

「私の学問の方法は数多くあるのではなく、世に処し物に応じるのに、ただ一つだけでこれをつらぬくのである」

孔子がこう言うと、曾子はこれを聴き「はい」と答えただけで、別に質問しなかった。曾子はいつも孔子に親しく接触し、よく孔子の精神を理解していたから、すぐに孔子の真意を会得し、平生自ら思考するところと合致しているので質問は必要でなかった。

孔子が帰ったあと、曾子の門人が、

「孔先生は単に一つだけと仰せられただけで、一つというのがはたして何物であるかを示してくださらないのに、曾先生が、『はい、わかりました』と答えられたのはどういうわけか合点がいきません」

と師匠の曾子に質問した。曾子は言下に答えた。

「孔先生の道は忠恕だけである。別に他の方法はない」

孔子の各方面にわたる多年の教訓も、凝集すれば、結局曾子の言う「忠恕」の二字に帰し、『論語』の千言万語も、つまるところは忠恕の二字に代表されるのである。

◆渋沢流・人間関係の〝基本中の基本〟

ところで「忠恕」とはどういうものであるか。仏教の慈悲、キリスト教の愛と曾子のいう忠恕は似たものと思われるが、私は仏教・キリスト教を研究していないから、確信しかねる。忠とは衷心《ちゅうしん》（心の奥底から本当にそう思うこと）よりの誠意懇情（正直で親切な心配り）を尽くし、事に臨んで親切を第一とすることをいう。恕とは、平たくいえば「思いやり」と同じ意味で、事にあたって先方の立場になり、先方の心理状態になって考察してやることである。ただし忠と恕とは個々別々のものではない。忠と恕とを一つにした「忠恕」というものが、孔子の一貫した精神であると同時に『論語』をつらぬく精神である。

太田錦城《きんじょう》（儒学者）の説を借りると、

「孔子が仲弓《ちゅうきゅう》の仁を問うに答えて、『己《おのれ》の欲せざる所は人に施すことなかれ』と言った。

これが恕である。子貢《しこう》の仁を問うに答えて、『それ仁者は、己立たんと欲すれば人を立て、己達せんと欲すれば人を達す。能《よ》く近く譬《たと》えを取る。仁の方というべきのみ』と言った。これもまた恕である。孟子は『強恕（非常に努力して忠恕を行なう）して行なう。仁を求むることこれより近きはなし』という。忠恕は仁を求める最良の方法だ」

と言った。三島中洲《ちゅうしゅう》は、

「仁は道徳の名。忠恕の工夫の成るところはすなわち仁徳仁道である。ゆえに曾子が仁を実行するのに必要なのは忠恕だけだと言って門人の問に答えたのである」

と説いている。

世の中の人がすべて常に心の底から「忠恕」の精神すなわち「仁」を絶やさず、これを実行していけば、世の中は円滑に進行し、人々は平和に生活していけるものである。仁者に敵なしとはこのことである。ところが世の中が騒がしく争いが絶えないのは、人々に忠恕の精神が欠けているからである。

人の世で生きるために何よりも大切なものは忠恕の精神、すなわち仁道であるが、この精神を実行しようとするには、知略をともなわなければならない。知略のともなわない精神だけではものにならず、知略は、忠恕の精神が中核となって活動する際の欠くことのできない助手である。

◆厳しさという隠し味があってこそ、やさしさの味が生きてくる

知とは知恵のことで、事物を観察して理非(道理にかなうこと)を判断する力をいう。この判断力がなければ、いかに忠恕の精神を行なおうとしても、これをいかに処理すればよいか見当がつかなくなる。

また略がなければ、忠恕の精神を実行しても、かえって他人に迷惑をかけるような結果になるものである。略といえば策略・計略などという悪い連想をともないがちだが、ここでいう略はそんな意味を含めない。臨機応変の工夫というぐらいのところである。

世の人のやっているのを見ると、たいてい知略の一方に傾き、知略の原動力となるべき忠恕の精神を欠いている。知略だけがあって忠恕の精神に欠けた人の行動は、いたずらに恩威(恩恵と威光)だけで人に臨み、少しの温情もなく、また正直なところがないから、人心も社会も動かすことはできない。

〝恩威ならび施す〟ことは古来の金言であるが、忠恕の精神を実際に行なうためには、甘くして他人に接し恩恵を施すばかりでもだめなものである。ときには威圧を示さなければならない場合もある。恩恵だけでは人がこれに馴《な》れてだめになると同時に、威圧だけでは人がこれを嫌って心服しないものである。だから知と略とでその場合のバランスをとり、あるいは恩を施し、あるいは威を加えてチャンスを失わないようにすることが肝要である。

恩威が並び行なわれているだけで、その根本となるべき忠恕の精神を欠いていては、ちょうど竜を描いてひとみ（睛）をかき込まず、仏像をつくって魂を入れないようなもので、せっかく行なった恩威が功徳《くどく》を現わさず徒労に終わるものである。

恩威の実効を上げるものは忠恕の精神であり、知略を適宜に働かせるのも、また忠恕の精神にほかならない。

12 目先の利益より〝余得〟のほうが後で大きな利益を生む！

子《し》曰《いわ》く、君子《くんし》は義《ぎ》に喩《さと》り、小人《しょうじん》は利《り》に喩る。［里仁《りじん》］

君子と小人とはその心ばせ（気配り）がまったく違う。君子は事に臨んで、それがはたして正しいことか、道理に合っているかということを考え、それを行動の判断基準とした。すなわち道義に従って行動した。これに反して小人は常に私利私欲を考え、万事につけて利害を目安に行動する。すなわち利益にさえなれば、たとえそれが道義に反することでも、いっさい無頓着《むとんじゃく》だ。

このように同じ物を見、同じ言葉を聞いても、君子はこれによって道義を行なおうと思い、小人はこれによって儲《もう》けようと思う。その思想には天地の差が生じ、その行為もまた雲泥の差が出てくるのである。

私はどんな事業を興すにあたっても、またどんな事業に関係するときでも、利益本位には考えない。この事業こそは興さねばならない、この事業こそは盛んにしなければならないと決めれば、これを起こしこれに関与し、あるいはその株式を所有することにする。私はいつでも事業に対するときには、まず道義上から興すべき事業であるか盛んにすべき事業であるかどうかを考え、損得は二の次に考えている。

事業を新たに興し、またこれを盛んにするには、たくさんの人から資本を集めなければならず、資本を集めるには、事業から利益が上がるようにしなければならないから、もとより利益を度外視することは許されない。利益が上がるようにして事業を興し、事業を盛んにする計画を立てなければならないが、事業は必ず利益をともなうものとはかぎらない。

利益本位で事業を興し、これに関与し、その株をもったりすれば、利益の上がらない会社の株は、これを売り逃げしてしまうようになって、結局必要な事業を盛んにすることも何もできなくなるものである。

だから私は国家に必要な事業は利益のいかんを問わず、道義に従って興すべき事業ならばこれを興しその株ももち、実際に利益を上げるようにして、その事業を経営していくべきだと思っている。私は常にこの精神で種々の事業を興しこれに関与し、またはその株をもっているので、この株価は上がるであろうからと考えて、株をもったことは一度たりとてない。

13 その気になれば"恩師・恩書"に困ることはない！

子曰《しいわ》く、賢《けん》を見ては斉《ひと》しからんことを思い、不賢《ふけん》を見ては而《しか》して内に自ら省《かえり》みるなり。［里仁《りじん》］

他人の言動を見て、それをすべて自分を磨く手本にせよ、という意味である。つまり賢い人を見れば、自分もその賢い人のように徳を修めて、これと同じような優れた人になろうと努力し、自分より劣った人や愚かな行動を見れば、自分もそういう短所がないかと自ら反省すべきである。こうすれば、世の中の賢人も、不賢人もすべて自分にとっては先生である。

なお一歩進めていえば、古典を読んで古代の賢人不賢人を見ることも、自分を磨くよい材料である。他人の優れたところをうらやみねたんだり、愚かさをあなどったりするのは愚の骨頂である。

14 親の年が教えてくれる〝人生の知恵〟

子曰《しいわ》く、父母の年は、知らざるべからざるなり。一《いつ》は則《すなわ》ち以《もっ》て喜び、一は則ち以て懼《おそ》る。［里仁《りじん》］

人の子たる者は、常日頃その父母の年齢を心に記憶していなくてはならない。

これは一つにはその長命を喜び、一つにはその短い老い先を気づかって長く孝養を尽くすことができないことを恐れる。

喜んで長命を願い、細かい気配りをもっていよいよ孝養を厚くして、時間を大事にしなくてはならない。

15 自分で振り出した〝手形〟は必ず自分で落としておけ！

子《し》曰《いわ》く、古者《こしゃ》は言《こと》をこれ出《い》ださざるは、躬《み》の逮《およ》ばざるを恥じてなり。［里仁《りじん》］

昔の人は実践を重んじて、できないことは口にしなかった。そして言葉をつつしみ人を批評せず、自分の志をむやみに表明しなかった。これは「言うは易く行なうは難《かた》きもの」だからである。もし自分の行動が言葉に追いつかなかったら、これほど恥ずかしいものはない。ところが今の人はこれを恥とせず、放言放論してはばからず、行動がまるでだめである。

孔子の時代にすでにこの放言（無責任な発言）の悪習があり、以来二千余年を経た今日に至っても、世界各国言論の世となり、言葉の責任を尊ぶとはいいながら、はなはだしく乱れている。これでは言論の権威は失われ、人の信用を得ることはできない。

やはり孔子のいうように、自分で実行できないことは口に出さないようにしたらよい。口先だけの人はいやしく実行の人は尊い。これは昔も今も同じである。

16 思いきって投資できるものがあってこそ倹約も生きてくる！

子曰《しいわ》く、約《やく》を以《もっ》てこれを失《しっ》する者は鮮《すくな》し。〔里仁《りじん》〕

何事をするにしても、心を引き締めてつつましやかにやれば失敗は少ない。一家でも一国でも、その経営すべき事業に節度とつつましさがなくてはとても成功するものではない。

私は元来倹約を旨として機会あるごとに倹約の大切さを説いているが、近年は文化の名のもとに虚礼虚飾に流れ、大地震前の東京市中の奢侈《しゃし》（必要以上のぜいたく）は目に余るものがあった。

これについてエピソードを一つ紹介しよう。

大正十一年七月十一日の晩、東京丸の内の工業倶楽部《くらぶ》で、新内閣の大臣の招待会があった。加藤友三郎首相をはじめ各大臣次官が来て、私もホストの一員として出席したが、その席で加藤首相の挨拶《あいさつ》があった。

「今夜はご招待により参席しましたが、ご馳走《ちそう》の皿数も少なく、万事倹約に心を用いられているのはまことに喜ばしい。皿数は少なくても、歓待してくださる気持ちが厚いから、われわれは快くご馳走になる。今後もお互いに倹約を守り、宴会も今夜のように質素にし、ぜいたくに流されないようにしたいものである。

はなはだ差し出がましい申し分であるが、みなさまは表面はこのように質素にされていても、裏では山海の珍味を並べているようなことはありませんか。そんなことのないようお互いに大いに戒めて、質素の習慣を養いたい」

◆あまりのケチゆえに自分の首まで締めてしまった江戸大名の話

私は主人側を代表して答辞を述べた。

「ただいまの加藤総理のお言葉はわれわれにとってまさに頂門《ちょうもん》の一針《いっしん》（急所をつく厳しい戒め）である。世間には表に木綿《もめん》を用いて、裏に絹を用いるような人もいる。あるいは一双の屏風《びょうぶ》に数十万円を投じて喜んでいる人もいる。単に高価なものをもって豪奢を誇るのならば、大いにつつしまねばならない。

だが一歩進めていえば、倹約ということはただ物を節約するという消極的な一方ではよろしくない。

昔、江戸の大名に倹約主義の人がいて、諸事万端節約を旨として、その実行に心を砕いた結果、まず家来を廃し、女中を廃し、犬や鷹《たか》の飼育をやめ、最後は自分一人となったが、あげくの果て、自分自身が生きていることも無用なものであるという結論に到達して、ついに自分も死んでしまった。

倹約は大事なことであるが、この大名のように万事消極的では何事もできない。経費を節約することはもちろん必要であるが、同時に国家として重要な意味をもつ事業に対しては、大いに積極的でなければならない。

わが国は農業を根幹としているから、開墾その他農業の助成保護に出費を惜しんではならない。工業にしても欧米に比べれば、進歩が遅れてすべて模倣であり追随であって、一つとして超えたものがない。

理化学方面でも進歩がひどく立ち遅れており、一つとして独創を誇るものがない。理化学研究所が設けられたが、その設備規模はヨーロッパの万分の一にすぎない。

こんな状態であるのに、これに対して倹約主義で臨んではならない。私は倹約であると同時に、必要な事業には大いに積極的でありたいと思う。

そしてこれこそが真正の倹約というものであると信じている」

倹約・節度は国家でも会社でも一個人でも必要な美徳であるが、極端に走るのはよろしくない。

17 腰の重いのは困るが口が軽いのはなお困る！

子《し》曰《いわ》く、君子《くんし》は言《こと》に訥《とつ》にして、而《しか》して行《おこな》いに敏《びん》ならんことを欲す。［里仁《りじん》］

これは「子路篇《しろへん》」にある「君子はこれを言えば必ず行うべきなり。君子はその言において苟《いやし》くもするところなきのみ」の項と同じ意味合いである。

君子は弁論を商売とする人間ではなく、言葉よりもまず実行を本分とする。自ら実行できないことをベラベラしゃべり立てたところで、その弁舌には何の権威もないではないか。弁論の権威はこれを自分の体で実行してみせることによってはじめて生じるのである。一言一句をも軽々しく発せず、言う以上は必ずこれを実行するということである。

言論に権威がなくなってしまえば、熱弁を振るって千万言を費やしても、世間に何の利益ももたらさない。しかし現代は日本も欧米諸国と同じように言論を重んずる風潮となった。大衆の意見を集めて政治を執り行なう時代となり、人の説を聴くにも、自分の意見を述べるにも、言論に頼らざるを得ない。政治や社会に関してそれぞれ意見があっても、関係者以外はいっさい口出しするな、弁論はすべて無用であるというふうに本項を解釈してはいけない。

社交の円満のためには、愉快に談話し合う必要もあろう。自分の意見を世に発表するためには、雄弁を振るう必要もあろう。

孔子が弟子に訓戒した精神は、駄法螺《だぼら》を吹いてはならぬ、大切なことは弁舌でなくて行動である、不言実行こそ肝要だということにある。

不言実行家として見るべき人は、西郷隆盛や山県有朋《やまがたありとも》などである。波多野《はたの》前宮内大臣もその一人で、みな「言に訥にして行いに敏なる」人たちであった。言に訥でない雄弁家としては大隈重信や島田三郎や沼間守一《ぬましゅいち》などがいる。

今は言論を尊重する時代だが、心すべきは言論を尊ぶと同時に、言論の責任を重んじなくてはならない、ということだ。

18 ここぞのとき〝人徳〟ほど雄弁なものはない！

子《し》曰《いわ》く、徳孤《とくこ》ならず、必ず隣《りん》あり。［里仁《りじん》］

人は天性において美徳を好むものである。だからその身に徳のそなわった人は、けっして他人から排斥されて孤立無援となるようなことはない。同志同道の人は自然と集まり、ちょうど家に隣家があるように助け合うものである。

昔、名君の大舜《たいしゅん》に徳のある名臣が五人いて、無為無策のままでよく国が治まり、その住まいの近くには移住してくる人多く、たちまち市をなして繁昌するようになったと伝えられる。

わが国では、弘法大師が高野山を開いたときには、もとは無人の野であったが、そこに多数の僧俗（僧侶と俗人）が集まってきた。足尾銅山でも小坂銅山でも、元来人跡未踏の深山だったが、その山から銅が産出されるということで、たちまち繁昌するようになった。これは大衆が利のある所へ蟻《あり》が甘いものにつくように群がり来るのであるが、徳の高い人がいれば、有形の物質を求めて人が群集するように、その無形の徳に共鳴し、その人物を慕って人々は集まってくる。けっして高徳の人が孤立無援の地に立つということはないものである。

近江《おうみ》聖人といわれた中江藤樹《とうじゅ》（陽明学者）の住んでいた高島郡小川村へは、その徳を慕い諸方より寄り集まって来た人が多く、また二宮尊徳《にのみやそんとく》が奥州相馬《おうしゅうそうま》の中村にいたときも、その徳を慕って他国からたくさんの人が集まってきたものである。

また九州の豊後《ぶんご》日出《ひじ》に帆足《ほあし》万里《ばんり》という大徳の学者がいた。年老いて南畑《みなみはた》村の目《め》刈《がり》という田舎の山中に隠居したが、四方の学徒が雲のように集まり、それぞれ勝手に先生の住居のかたわらに家を建て次から次へと建て続けてついに一大塾となり、その塾を西崦《せいえん》塾といった。

門人から西崦先生と尊称され、米良《めら》東嶠《とうきょう》・岡松《おかまつ》甕谷《おうこく》・中村《なかむら》栗園《りつえん》・元田《もとだ》竹溪《ちくけい》・勝田《かつた》季《き》鳳《ほう》・関蕉川《せきしょうせん》・野《の》本白岩《もとはくがん》・毛利《もうり》空桑《くうそう》という優れた弟子がその門から出た。

「徳孤ならず、必ず隣あり」という実例は、この三先生において、これを立証して余りがある。

19 「ほどほど」の頃合いを間違えると命取りになる!

子游《しゆう》曰《いわ》く、君《きみ》に事《つか》えて数々《しばしば》すればここに辱《はず》かしめられ、朋友《ほうゆう》に数々すればここに疎《うと》んぜらる。[里仁《りじん》]

主人に仕えるにも、友人と交わるにも、物には「ほど」というものがあり、これを礼という。

もしその「ほど」を過ぎて主人にうるさくすれば、自分では誠心誠意尽くしているつもりでも、かえってうるさがられて辱《はずかし》めを受けることにもなる。友人と交際するにもうるさくつきまとえば、自分では親切のつもりでも、これまたうるさがられて敬遠されてしまう。

かの荘周《そうしゅう》が、

「君子《くんし》の交わりは、淡きこと水のごとし」

といっているが、たいへん味わいのある名言である。

こんなわけで私は、きわめて親密な人だとか、または若い青年は別として諫言《かんげん》苦言（いさめる言葉や言われるほうにとっては面白くない注意）を呈しても効果のなさそうな人には、めったに諫言苦言を言わないことにしている。人がやっきになって主張している議論などで、自分が賛成できない場合には、いっさい自分の意見がましいことを述べず、これを黙殺している。

私の多年の経験によれば、自分と処世の流儀が全然違う人に対しては、どれほど自分の意見を述べて同意させようとしてみても、それは聞き入れられるものでなく、むだな努力に終わる。釈迦《しゃか》も「縁なき衆生《しゅじょう》は度《ど》し難し」といっている。

しかし、あまり早々と見切りをつけるのもよくない。縁が切れてしまえば、いかに主人に欠点を改めさせよう、友人の欠点を矯正してやろうと思っても、不可能である。絶交などしてしまうよりも、その関係を絶たぬようにしていれば、長い歳月のうちには、よい機会があって多少なりとも、アドバイスできることもあるものである。けっして短気を出すべきものではない。

第五章

〝一時《いっとき》の恥〟にこだわって自分を小さくしてはならない

1

“口”の清い人、“情”の清い人、“知”の清い人の生き方

或人《ある》曰《いわ》く、雍《よう》や仁《じん》にして佞《ねい》ならずと。子《し》曰く、焉《いずく》んぞ佞を用いんや。人に禦《あた》るに口給《こうきゅう》を以《もっ》てすれば、しばしば人に憎《にく》まる。その仁を知らざるも、焉んぞ佞を用いんや。［公《こう》冶長《やちょう》］

本項は弁舌（佞）を過大評価してはならないことを教えている。当時の人は弁の立つ人を賢者のようにもてはやした。そして雍（冉雍《ぜんよう》、字《あざな》は仲弓《ちゅうきゅう》）が寡黙なのを見て、

「彼は仁者ではあるけれども、弁が立たないのは惜しいことである」

と評した。

孔子はこれに対して、

「どうして弁が立つ必要があろう。いたずらに口先のうまさで世を渡れば、一時的に成功することもあろうが往々にしてこれがために人に憎まれるだろう。雍が仁者かど

うか私は知らないが、弁舌が立たないことは、かえって美徳であり、けっして短所ではない。どうして弁が立つ必要があろう」

と人々を戒めたのである。

仁は徳の中心であり、基本である。孔子は「憲問篇《けんもんへん》」でも管仲《かんちゅう》が斉《せい》の桓公《かんこう》をたすけ、諸侯を統一して兵馬を用いさせるようにしたのが仁であると説いている。また「雍也《ようや》篇」でも博《ひろ》く民に施して大衆を救うのが仁であるといっている（第六章の18参照）。

仁者はその言行が親切で、言葉やさしく、自分の意見を述べるときも穏やかに説明して、たいへん人あたりのよいものである。だから仁者は往々にして弁舌の徒のように誤解されたり、反対に弁舌で世渡りしている人が、いかにも仁をそなえた人であるかのように見られたりすることがある。

ところが弁舌の徒はその胸底に一物があり、私利私欲をとげるために他人に取り入り、表面を取りつくろい、人の意見に付和雷同（他人の意見に同調すること）して味方をつくり、自分の欲望をとげるのに邪魔になる人を陥れようとする。

明治維新後の岩倉具視《ともみ》などは、策略を用いたが、けっして口先だけの人ではなかった。知恵は深かったが、その知恵は公明で、少しも私利私欲をともなわず、純粋無垢《むく》のものであった。三条実美《さねとみ》を〝情〟において清かった人とすれば、岩倉は〝知〟において清かった人といえるであろう。

2 ときに〝頭の走りすぎ〟が致命傷になることもある！

子《し》、子貢《しこう》に謂《い》うて曰《いわ》く、女《なんじ》と回《かい》や孰《いず》れか愈《まさ》れると。対《こた》えて曰く、賜《し》何《なん》ぞ敢《あえ》て回を望まんや。回や一を聞きて以《もっ》て十を知り、賜や一を聞きて以《もっ》て二を知るのみ。子曰く、如《し》かざるなり。吾《われ》、女と与《とも》に如《し》かざるなり。［公冶長《こうやちょう》］

孔子があるとき子貢に、

「顔回《がんかい》とおまえといずれが偉いだろうか」

と質問した。子貢は、答えた。

「私などとても顔回に及びません。顔回は一を聞けば十を悟るが、私は一を聞いて二を知るにすぎず、とても比較になりません」

これを聞いた孔子は、子貢が自分をよくわきまえていると深く喜び、

「いかにもそのとおりで、おまえは顔回にはかなわない。おまえだけでなく私もおまえと同じで、顔回には及ばない。今おまえが自ら及ばないことを知って、これを明言するところにおまえの偉いところがあるのだ」

と誉めた（回は顔回、顔淵《がんえん》のことで、賜は子貢のこと）。

一を聞いて十を知る顔回は、頭脳がすこぶるよく働く人で、こういう人は世に少ない。一を聞いて二を知る子貢のような人も、なかなかいるものではない。ふつうの人は一を聞いて一を知れば上等である。その一さえ理解できない者もいる。

一を聞いて十を知るほどの人はとびきり賢明で、それが学問上のことにとどまればよいのだが、処世上では一概によい性分であるともいえないものである。私の経験を一、二例挙げてみよう。

◆抜群の明察力がかえって致命的欠点となった陸奥《むつ》宗光《むねみつ》

私を一橋《ひとつばし》家に推挙して慶喜《よしのぶ》公に仕えるようにしてくれた人は平岡円四郎という人で

あるが、この人は実に一を聞いて十を知り、眼から入って鼻に抜けるぐらいの明察力があった。来客があるとその顔色を見て、何の用向きで来たということを、即座に察知するほどであった。こんな明敏の人は、あまりに先が見えすぎて、とかく他人の先回りをするから、自然他人に嫌われ、ひどい目に遭ったりするものである。平岡が水戸浪士のために暗殺されたのも、明察にすぎて、あまりに先が見えすぎた結果ではなかろうかと思う。

外務大臣となって条約改正に功績のあった陸奥宗光も、一を聞いて十を知る機敏な頭脳をもっていた。彼も平岡と同じように物事の一端を見聞しただけで、それからそれへと思考をめぐらせ、事前に見通せる才知の持ち主だった。だが金力と権力を好み、大丈夫《だいじょうふ》の志がなかったように思える。そして自分の才知にまかせて相手を圧迫して、人をしのぐような傾向があった。このために他人から嫌がられたようだ。彼が明治十年に国事犯となったのも、あまりに先回りがすぎたからであろう。

水戸藩士藤田東湖《とうこ》の息子藤田小四郎《こしろう》もまた明敏な人であったが、二十四歳で武田耕《こう》雲斎《うんさい》とともに慶応元年二月死刑となった。私が小四郎と会ったのは彼が二十二歳のときであった。私は小四郎に、水戸藩は徒党を組んで骨肉を争う醜態があり、また桜田門外の変のように幕府の要職にだけ反抗して、幕府制度そのものへの攻撃が手ぬるいことなどを論じた。

小四郎は一を聞いて十を知る鋭敏の人であったから、私がまだ質問する前に、早くも私の聞こうとしていた事柄を察知し、先回りして一つひとつこれを列挙し、水戸と幕府との関係はかくかく、長州との関係はしかじかと、明細に説明したものである。私はその明敏さに驚いたが、この人も最後を全《まっと》うできなかった。

3 どんな名木でも〝朽木〟に彫刻は施せない！

宰予《さいよ》、昼寝《い》ねたり。子曰《しいわ》く、朽《くち》たる木は雕《ほ》るべからざるなり、糞土《ふんど》の牆《かき》は杇《お》すべからざるなり、予《よ》においてか何《なん》ぞ誅《せ》めんやと。［公冶長《こうやちょう》］

孔子は、弟子の宰予の昼寝を見て言った。

「学問を修めるには、志が堅固で気力にあふれていなければならない。そうでなければ教えを受ける資格はない。たとえば、腐った木には彫刻をすることができず、堅くないごみ土で築いた土塀には、こてでその上塗りをすることが難しいのと同じだ。宰予は真昼に寝室に入って寝るような怠け心の持ち主だから、教えてもしかたない。叱ったところでむだだ」

これは、その実は深く責めて奮起させようとして言ったものである。

4 孔子自身が苦い体験からつかんだ人物鑑識法

子《し》曰《いわ》く、始めは吾《われ》人《ひと》におけるや、その言《こと》を聴《き》きてその行《おこない》を信ず。今は吾人におけるや、その言を聴きてその行を観《み》る。予においてかこれを改むと。【公《こう》冶《や》長《ちょう》】

本項は宰予《さいよ》の言行不一致を責め、そして人物の観察法を述べたものである。

前出の宰予は孔門十哲《こうもんじゅってつ》の一人で、言語弁舌にかけては非凡な長所があったとされた人である。宰予は口ではいつも立派なことを言っているのに、実行がこれにともなわず、「白昼に寝室（ただ昼寝をしていただけでは、孔子もそんなに怒るはずがなく、女と一緒に寝ていたのかもしれない）に入るなど、言語道断、言行不一致だ」

と孔子を嘆かせた。

そして、

「私はこれまでは宰予のような立派な言論を聴けば、その行動も必ず言論のように立派なものであろうと信じたけれども、今、宰予の言行不一致なのを見るにつけて、大いに悟るところがあった。今後はその人の言葉を聴いたら、さらにその人の実際の行動をとくと見届けたあとで、人物を判定することにしよう」

と結論を出した。要するに、口ばかり達者で行動がこれにともなわない人が多いことを嘆いたのである。

孔子のような賢者でも、はじめのうちは、言論でその人を信じて判断を誤ったようだ。われわれ凡人は、とかく人を軽率に信じて失敗することがある。人は経験を積んだり、飼い犬に足を噛《か》まれたりなどして、容易に人の口車に乗ってはならないということに気がつくものである。

真に人を鑑別しようとするには、まずその言を聴きその行ないを見たうえに、さらに一歩を進め、孔子が「為政篇《いせい》」で「その以《な》す所を視《み》、その由《よ》る所を観《み》、その安《やす》んずる所を察《さっ》すれば、人焉《いずく》んぞ廋《かく》さんや」（第二章の5参照）と、説いているように、行為だけでなく行為の根源となる精神、精神の由来する安心の大もとにまでも進めて人物の観察をすれば、人物の真実の姿が判明し、人につけ込まれもせず、人に失敗させられもしない境地に到達する。

◆生半可な〝才人〟十人よりは一人の鋭い〝人物鑑識者〟

大事業に成功する人は、自分の腕前よりも人物鑑識眼をもっていることが必要である。一個人の才能はどんなに非凡でも、その力に限界があるものである。何もかも一人でさばけるものではない。

人物をよく鑑別する眼さえあれば、部下に優秀な人材を集めることができるから、自分だけで頑張るよりも、はるかに好成績を上げることができる。人には一長一短があるから、これを鑑別して適材適所に配置すれば、どんな大事業でも成就できる。

非凡な才能をそなえた人で、案外人物の鑑識眼にとぼしい人が少なくない。前述の平岡円四郎や陸奥宗光もこの類の人といえる。陸奥が交際した人や登用した人は、必ずしも善良誠実の人ばかりではなかった。

一方、井上馨《かおる》は元来感情家であったけれども、人物を鑑別する際には、けっして感情に駆られず、人を用いるには、まずその人物の善悪正邪を厳しく識別して、それから登用していた。だから弁舌の徒を仁者であると思い違えてこれを重用するようなことはけっしてなかった。

5 本当の〝剛《ごう》の者〟は欲のかき方がまるで違う！

子《し》曰《いわ》く、吾《われ》、未《いま》だ剛者《ごうしゃ》を見ずと。或《ある》人対《こた》えて曰《いわ》く、申棖《しんとう》かと。子曰く、棖《とう》や慾《よく》あり、焉《いず》くんぞ剛《ごう》を得んやと。［公冶長《こうやちょう》］

欲心《よくしん》のある者は剛者といえず、欲心のない者こそ勇気があることを説いたもので、

孔子は、

「剛と欲は似ているようでまったくの別物で、真の剛者・勇者は得がたいものだ」

と嘆いている。

欲というのは、必ずしも金品の欲だけでなく、趣味嗜好《しこう》の行きすぎたものも、みなこれを欲という。欲のある者は真正の勇気にとぼしく、無欲恬淡《てんたん》（無欲でこだわりがないこと）の人にしてはじめて真正の勇者・剛者となりうる。

孔子のような無欲の人の眼から世間を見れば、名誉に走り、利殖に惑《まど》い、あるいは容色（顔かたちがよいこと）に溺《おぼ》れたり、書画骨董《こっとう》に耽《ふ》けるなどはすべて欲心の領域で、勇気のない弱虫に見えたものだろう。それゆえ「吾《われ》いまだ剛者を見ず」と嘆いたものと思われる。

この嘆きに対し、ある人が、

「お弟子の申棖ならば剛者といってもよいのではないか」

と言うと、孔子は、

「いや、申棖は欲心が深いから見たところ剛《つよ》そうでもだめだ」

と答えた。欲心があると、名利《みょうり》で誘われればすぐに誘惑されて、正義の上に立って強剛に踏ん張ることができないものである。欲の深い人は利のためならば身を殺すことも顧《かえり》みないので、一見すこぶる剛に似ているが、誘惑や威嚇に弱い大きな弱点がある。

換言すれば、強欲の人ほど不義に対して弱い者はなく、無欲の人ほど正義に対して剛い者はないのである。欲の強い人は快楽によって誘われ、また苦痛によっても誘われるものである。

どうして欲の深い者はこのように苦楽に対して弱いかというと、欲が深いとどうしても人に求めるところが多く、人に求めるところが多いと、どうしても剛く出られないことになるからである。

6 〝上には必ず上がある〟と思う頭の低さが成長のバネになる！

子貢《しこう》曰《いわ》く、我《われ》、人の諸《これ》を我に加うることを欲せざるなり。吾《われ》もまた諸を人に加うるなからんと欲すと。子曰《しいわ》く、賜《し》や、

爾《なんじ》の及《およ》ぶ所にあらざるなり。［公冶長《こうやちょう》］

「顔淵篇《がんえんへん》」で孔子が説いた「己の欲せざるところは、人に施すことなかれ」という教訓と、本項とはほぼ同じ意味のようにも思われるが、自分のしてほしくないことを人にしないというくらいのことならば、未熟な私にでも経験からいって、それほど難しいことのようには思われない。

「わが身をつねって他人の痛さを知れ」という諺《ことわざ》のとおりで、少し情のある人なら、他人の身をつねるようなことはしない。これは誰にでもできることである。

しかし、孔子が十哲の一人である子貢に向かい、

「賜や、おまえの及ぶところでない」

と言ったのを見れば、子貢が、

「私は、人が私にしてほしくないことは、私もまたこれを人にしかけないようにしたい」

と言ったところと、孔子の説いた、

「己の欲せざるところは、人に施すことなかれ」

とは、その意味において異なるところがあるようだ。

己の欲せざるところは人に施さないということは、「恕《じょ》」の道であり、少し自制心があれば、容易に実行することができよう。これは自己を主眼とするから行ないやすいのである。

これに反して、

「我、人のこれを我に加うることを欲せざるなり、吾もまたこれを人に加うるなからんと欲すと」

ということは、人格の高い仁者でなければ、できないわざである。これは他人を主眼とするから行なうのが難しいのである。この両者の間には「恕」と「仁」との差があることを知らなければならない。

昔から「情《なさけ》に手向かう刃《やいば》なし」という語があるように、真の仁者に対しては、どんな無理非道の人でもこれに攻撃を加えることをためらうものだが、このような仁徳を身にそなえた賢者でもないのに、他人からの攻撃を無視することはできない。

子貢は孔子より三十一歳も若く、まだ徳も完成していない。しかしその資質は聡敏《そうびん》（聡明で鋭敏なこと）で、才能も弁舌も他人よりはるかに優れている。それでも、口では容易にいえるが、行動がともなわない点もあり、これを深く戒めたものである。「仁者敵なし」の境地に至るのは容易なことではない。

7 〝耳の大きな人間〟に大した人生の失敗はない！

子路《しろ》聞くことありて未《いま》だこれを行《おこな》う能《あた》わずんば、ただ聞くあらんことを恐る。〔公冶長《こうやちょう》〕

子路は勇気に富み、実行力もあった。だから善言を聴いたら、必ずこれを身をもって行動に移した。その実行に努力するあまり、以前に聴いたことで、まだ実行できてないときは、さらに新しいことを聴くことを恐れ心配した。

これは博聞よりも実践を重要視すべきことを説いているのであって、実行できないことにけっして耳を傾けるなという意味ではない。たとえ実行できなくても善言は聴くべきだといっているのである。

世間には喜んで他人の言葉を聴く人と、自分ばかりしゃべって他人に聴かせる人と二種類ある。

大隈重信などは、人の言を聴くよりも、人に自分の言を聴かせるほうであった。せっかく彼に意見をもって訪問した人でも、たいていは言い出せず、ご意見を拝聴して帰ってくる人が多かった。だから私は、ぜひとも大隈に聴いてほしいことがあるときは、談話に入る前に、

「今日はかくかくの用件で参上したのであるから、まず私の話をお聴き取り願いたい、ご高見はそのあとからおうかがいします」

と、前もって約束しておいて、それから用談に取りかかったものである。こうしてもややもすれば待ちきれず、中途から横道に引きずり込まれることがあった。あらかじめよく聴いてくれることを念を押すことである。しかし彼は、他人がちらりと漏らしたことでも、案外よく記憶していたのには感服したものである。

これに反して自分の言を他人に聴かせようとせず、他人の言をよく聴こうとしたのは山県有朋《やまがたありとも》であった。彼は容易に自分の意見を吐露《とろ》せず、常に他人の意見を聴こうとする人であった。

伊藤博文は、大隈と山県との中間で、よく人の言を聴き、またよく自分の言を人に聴かせたものである。つまり聴きながら聴かせた人であるといってよかろう。

西郷兄弟はいずれも言葉が少なかった人である。弟の従道《つぐみち》は一種の才徳をそなえていた。よく他人の言を聴いていて、ヒョイとその言葉をとらえて「よか頼む」と、呵々《かか》大笑《たいしょう》するなど、物にとらわれず万事を手軽く取りさばいた。どんな大事に臨んでも少しも屈託（気にかけてくよくよすること）の色を見せない人であった。これという学問があるでもなく、著しい手腕があるというわけでもなかったが、長い間重要な地位を占め、元勲《げんくん》の間に重んじられたところをみても、ふつうの人の及ばない大きさがあったのであろう。不言実行家の一人であった。

8 〝一時の恥〟にこだわって自分を小さくしてはならない！

子貢《しこう》問《と》うて曰《いわ》く、孔文子《こうぶんし》何を以《もっ》てこれを文《ぶん》と謂《い》うやと。子曰《しいわ》く、敏《びん》にして学を好み、下問《かもん》を恥じず。これを以て

これを文と謂うなり。［公冶長《こうやちょう》］

周《しゅう》の時代には、人が死んで葬るときに諡《おくりな》（生前の実績を評価してつける名）をして名を変えた。行ないのよい者にはよい諡を、行ないの悪い者には悪い諡をつけた。ここに出てくる孔文子（孔圉《こうぎょ》が本名で、文は諡）は、行ないがよくなくて、評判が悪かった。

孔文子は実の娘孔姞《こうきつ》を完全に政治的な「道具」として使い、二度も政略結婚をさせた道義心の欠落した非常識な人間である。

それなのに、こんな人物に「文子」という立派な諡があるのはおかしいと、子貢は孔子にこの質問をしたのである。

なるほど孔文子はその行ないに非難すべき点があったが、孔子は人の長所は無視せず、公平な観察を下す人であるから、子貢に次のように答えた。

「たとえ孔文子にははなはだよくない点があるにもせよ、称揚《しょうよう》（誉めたたえること）すべき長所もある。つまり天性明敏な人は、多くは才をたのんで学を好まないが、彼は明敏でありながら学を好み、地位の高い人は、一般に驕慢《きょうまん》で人に教えを乞うことを好まないのに、彼は一国の高官でありながら、身分の低い人に質問することを恥じない。

この二つの善行は謚法《しほう》（謚をつける法）の『学を勤め問を好む』という資格にふさわしい。それで『文』をおくられたのだ」

『詩経』にも「葑《ほう》を采《と》り菲《ひ》を采る。下体《かたい》を以《もっ》てすることなし」（葑は青菜、菲は大根、青菜でも大根でも味のよい上の部分を取らずに苦い下のほうを取ってはいけない。人間も同じである、の意）という。いやしくも一つよいところがあれば、それを取り上げるべきである。今の若い人には、人の批評をする際にはこのことをよく注意してほしいと思う。

「下問を恥じず」とは、平たくいえば、自分の知らないことは誰にでも尋ねるという意味にほかならない。こんなことはなんでもないようであるが、さて虚心坦懐《きょしんたんかい》（心にわだかまりなく、平静なこと）に、知らざるを知らずとして、自分より下位の人に教えを求めるということは、実際容易にできるものでない。たいていの人は、知らざるを知らずとせず、知ったふりをする。下問を恥じない境地に達するのは、よほど偉い人でなければできないことである。

かの蜀《しょく》の玄徳《げんとく》が三たび孔明をそのあばら家に訪れて教えを請い、漢の高祖が張良《ちょうりょう》を重用して下問することを喜びとしたり、宋《そう》の太祖が趙普《ちょうふ》という『論語』に造詣の深い学者のもとにしばしば出向いて教えを受けたり、さすがに大業を成就した大人物にしてはじめてこれを成しうるのである。

◆大きな人物ほど「下問」を恥としない度量がある

わが国では徳川家康などが下問を恥じない人であった。関ヶ原の合戦の後、もっぱら世の平和、文化に心を注ぎ、深く天海《てんかい》僧正に帰依し、政治上のこと何もかも天海に相談し、よくその意見を容《い》れたものである。また家康は天海のみならず、京都南禅寺の長老崇伝《すうでん》和尚（後の江戸芝金地院《こんちいん》住職）の言をもよく聴き、いつも陣中にまで連れていったものである。

明治維新の元勲の中では、木戸孝允《たかよし》もまた下問を恥じずという徳をそなえた人で、好んで人の言を容れた。あるとき大蔵省勤務の那珂通高《なかみちたか》を太政官に採用するにあたって、その人物について私の意見を聴くため、参議という高官自ら、大蔵省の一小役人の私の湯島天神下の住まいまでわざわざ訪ねてきたことがある。下問を恥としない度量があった証拠といってもよかろう。己をむなしうして人の言を容れ、下問を恥じないのは高官中第一といえる。伊藤博文などは何事にも自分がいちばん偉いと思う慢心があって、下問を恥じないという徳はなかったように思われる。

一方、下問を恥じて向上心を喚起することもある。他人に頭を下げて、自分の知らないことを尋ねるような人間になりたくないと思えば、おのずと学問に励み、知識を広くし、思慮を周到にするようになるものである。この意味では、下問を恥じることは、確かに人を向上させる動機になるのである。いやしくも下問を恥じるくらいの精神があれば、自ら修養して怠らず、大いに奮起するところがなくてはならない。下問を恥じながら、自ら修養もしないような人は、とうてい発展の見込みはない。

9 どんな場合でも一〇〇パーセントの成功を保証する〝四つの徳〟

子《し》、子産《しさん》を謂《い》う。君子《くんし》の道四つあり。その己《おのれ》を行《おこな》うや恭《きょう》。その上《かみ》に事《つか》うるや敬《けい》。その民を養うや恵《けい》。その民を使うや義《ぎ》。［公冶長《こうやちょう》］

孔子は鄭《てい》の子産という人物について、次のように批評した。

「子産の行ないは君子の道にかなうものが四つある。自分自身の行ないはあくまでつつしみ深くてたかぶらず、主君に仕えるには尊敬を旨として礼を失わず、人民を養うのには恩恵を施して無理をせず、国家の仕事に人民を使用するときには、農閑期をあて、かつ公平にして不平不満が出ないようにした」

このように恭・敬・恵・義の四つの徳をそなえていれば確実に君子人《くんしじん》である。孔子は子産の徳の大きいもの四つを挙げて称賛したのである。

恭と敬の二徳は、処世上に欠くことのできない美徳である。ところが維新以来書生風と称して、粗野放縦《ほうじゅう》の行動が流行し、これをあたかも独立自尊であるかのように考え、恭と敬とは独立自尊の精神に反すると誤解している。自分の身を下品にせず、悪い風習に染まらず、私利私欲にとらわれず、高潔な志をもって世を渡っていくのが独立自尊の真の意義である。

人は堅く恭敬（つつしみ敬うこと）の精神態度を保ち、他人に交わり世に対処するようにしなければ、世間は受け入れてくれない。世間が受け入れてくれなければ、世に立ち事業に成功することはできない。若い人に強く望むのは、行動が乱暴に流れず、生活が放縦に渡らず、言語も粗野にならないようにすることである。

◆私についている唯一の「馬鹿」

私は片田舎の農家出身のためでもあろうが、幼少から恭敬の態度に馴《な》れていて、人に対して粗暴な態度に出ることができず、言葉づかいもいたって丁寧にしており、八十五歳の今日でも変わらない。人から渋沢の馬鹿丁寧といわれておるが、これが慣れっこになっている。

近頃流行の言葉に「敬虔《けいけん》」というのがあるが、孔子のこの「恭敬」はすなわちこの「敬虔」と同意義である。恭敬は軽蔑《けいべつ》の反対である。なにびとに対してもまた何事に対しても、鼻の先であしらわず、慎重に振る舞うのが、すなわち「恭敬」である。人に対して恭敬の気持ちがない人は、事に対しても必ず恭敬の気持ちがない。恭敬の気持ちがない人は、気持ちを一つに集中することができず、注意が散漫で物事が成就しない。これに反して恭敬の気持ちが強い人は、精神統一、集中力をもって事業を成しとげる。

礼式作法で事を丁重に扱い、茶の湯で茶碗や道具を丁寧に取り扱うのは、みな恭敬の念を本位としたものである。近頃アメリカで「安全第一」という標語が流行しているが、安全第一の道とはすなわち恭敬である。恭敬の気持ちの盛んな人は万事に注意深いから、危険もなく失敗もないのである。

昨今の若い人は、ややもすれば恭敬を虚偽やまやかしのように考え、恭敬を行なえば天真爛漫《てんしんらんまん》の長所がなくなると理屈をつけて、粗野軽率に流れたがる悪習が生じているが、大いに憂うべき現代の落とし穴である。

恭敬はけっして虚偽でない。恭敬の念は人心の心底から湧き出る真実である。恭敬をもって交われば、その交情は永遠に続くものである。

10 自分の敵を絶対につくらない処世上の最重要ポイント

子《し》曰《いわ》く、晏平仲《あんぺいちゅう》、善《よ》く人と交わり、久《ひさ》しうしてこれを敬《けい》す。

［公冶長《こうやちょう》］

孔子が晏子《あんし》（晏平仲）の交友の正しさを称賛している。晏子も春秋時代《しゅんじゅう》の賢宰相であるが、どれほど長く人と交際しても、けっしてこれに馴れ親しむことなく、常に恭敬の気持ちを他人に対して失わなかった。長年の交友に馴れてしまわず、尊敬の念を失わぬようにしていくことは、処世上最も必要なことである。

ところが、一般の人は少し交際が深まると、互いに馴れ合い、親しさにまかせて恭敬の念を欠き、最後は仲が悪くなって昨日まで刎頸《ふんけい》の友（生死をともにし、頸《くび》をはねられても後悔しないほどの親しい仲）であったものが、今日は不倶戴天《ふぐたいてん》（一緒に天をいただかないという意で、相手を殺さなければやまないほどの不仲）の仇敵《きゅうてき》のようになってしまう。

私の経験談を述べよう。私と大隈重信とは明治二年からの交際で、これは彼の死去までほとんど五十二年間に及ぶ。その間には私にも不行き届きのことがあったろうし、また彼のほうにもよろしいことばかりであったというわけでもないが、事情がわかればすぐに誤解が解けてしまい、五十二年間、変わることなく友好が保てたのは、私が交際に馴れて大隈に敬意を欠くようなことをせず、彼もまた私に対して敬意を失うようなことをしなかったからである。そうでもなければ、とうの昔に仲たがいしていたろうと思われる。

◆本当の「敬意」は人と人との間に適切な距離をつくる

第一銀行頭取佐々木勇之助《ゆうのすけ》は、旧幕臣で五千石《ごく》の旗本浅野美作守《みまさかのかみ》の家来にあたる人の息子で、明治六年私が第一銀行を開設した際に、政府の為替金《かわせきん》を取り扱う御用方へ、算筆《さんぴつ》（経理）の担当として入って来た人である。

当時第一銀行員は四十五名で、中には学校出身者もいたが、佐々木はその間に立って敏活に働き、また精勤の資質をそなえたいへん好成績を上げていたから、私は多数の行員の中で特に佐々木に眼をつけていた。

彼は珠算にかけては独特の技倆《ぎりょう》をもっていた。銀行の実務を行員に訓練させるため招いた、元横浜の英国銀行の書記シャンドが筆算の効能を挙げて珠算の不利を説いたとき、論より証拠だ、勝負してみようと、シャンドの筆算と佐々木の珠算と競争したが、佐々木が勝った。シャンドは、珠算は読み手と算手《おきて》と二人がかりだから勝つのが当然だと負け惜しみを言った。

このように珠算が達者で事務は敏捷《びんしょう》で、そのうえに勤勉家であるから、シャンドについて洋式簿記法を習わせ、その成績も上がったので帳簿課長にした。その後の成績もよかったから支配人心得に昇進し、さらに支配人となり、明治二十九年取締役兼総支配人に選任、大正五年私が頭取を辞めるときに私に代わって頭取になってもらった。

私と佐々木とは、明治六年以来毎日顔をあわせる間柄であったが、私は彼に対して敬意を失うことなく、言葉づかいも丁寧にしてきた。佐々木のほうでも私に対してけっして敬意を欠かず、馴れるようなことをせず、四十余年間厚情にいささかの異変もなかったのは、お互いに尊敬し合って礼儀を守ったからであろう。

11 こと人間に関しては「一を聞いて十を知る」わけにはいかない！

子《し》張《ちょう》問《と》うて曰《いわ》く、令尹《れいいん》子文《しぶん》、三《み》たび仕えて令尹となり、喜べる色なく、三たびこれを已《や》められて慍《いか》れる色なし。旧令尹の政《まつりごと》は、必ず以《もっ》て新令尹に告ぐ。何如《いかん》と。子《し》曰《いわ》く、忠なりと。曰く、仁なるかと。曰く、未《いま》だ知らず、焉《いずく》んぞ仁を得《え》ん。崔子《さいし》、斉《せい》の君《きみ》を弑《しい》す。陳文子《ちんぶんし》馬《うま》十乗《じょう》あり。棄《す》ててこれを違《さ》る。他邦《たほう》に至る。則《すなわ》ち曰く、なお吾《わ》が大夫崔子のごときなりと。これを違る。一邦《ぼう》に之《ゆ》く。則ちまた曰く、なお吾が大夫崔子のごときなりと。これを違る。何如と。子曰く、清しと。曰く、仁なるかと。曰く、未だ知らず、焉んぞ仁を得ん。【公冶長《こうやちょう》】

子張が春秋列国中の賢宰相二人の行動を挙げて「仁」の実体を孔子に質問した。

「宰相に任命されれば喜び、辞めさせられたらうらむのが人情の常なのに、楚《そ》の子文《しぶん》は権力のある令尹（宰相）に三度任命されてもあえて喜ぶ色もなく、また三度辞めさせられてもまたあえてうらむ様子もない。前任の令尹のやった政務を丁寧に自分の後任の人に引き継いだ。このように身を忘れて国に尽くすのは仁といってもよいでしょうか」

孔子がただ「忠実である」と答えたので、子張はさらに「仁ではないでしょうか」と問うと、孔子は「子文の一つめの善行だけでは、まだ博愛の仁にかなうとはいえない」と答えたという。

子張は、さらに陳文子のことを挙げて質問した。「斉の家老崔杼《さいちょ》（崔子）が主君の荘公《そうこう》を殺したとき、陳文子は金持ちで、馬十乗（四十頭）ももっていたが、悪人と同じ国にいることを恥じて、これを棄《す》てて斉の国を立ち去った。文子が他国に行ったが、その国の家老も権勢を振り回して主君を軽んじるのを見て、ここにもわが斉の崔子のような者がいれば、いつ弑逆《しいぎゃく》（主君・親などを殺害すること）を企てるかもしれないと言ってこの国を立ち去った。そしてまた他の国に行った。また前と同じなので、ここもわが国の崔子と同じだと言って立ち去った。この陳子の行為はいかがでしょう」

孔子は答えた。「その身を潔くして乱れた国から立ち去ったのは清潔である」と。子張がさらに「仁といえましょうか」と問うと、孔子は「陳子のこの一善行だけでは、まだ仁徳にかなうとはいえない」と答えた。仁は孔子の学問の極致であるから、孔子は容易にこれ（仁）を認めることを許さないのである。

◆独りよがりの潔癖さはだめだ！

陳文子のこの行動を武士道を重んずる日本人から見れば、どうも卑怯未練《ひきょうみれん》の男であると評したい。陳文子はなぜ崔子を討って主君に報じる気にならなかったのであろうか。日本人ならば、必ず秀吉が天王山で光秀を討って信長の仇討《あだう》ちをしたように行動するであろう。これは中国人と日本人との民族気質の差であろうか。

仁の本体は済世救民《さいせいきゅうみん》（世を救い、困っている人を助けること）の道を行なうことにある。ところが、陳文子は単に自分の気持ちを潔白にして満足し、崔子のような国賊がのさばって斉の国が乱れても、これを救おうとしなかったのである。孔子がこれに「仁」を許さず、多分に陳文子を責めるような語気を漏らしたのも、陳文子に救民の姿勢・手段がなかったからである。孔子は、自分の意志を曲げず世と相容れない人には同情しなかったようだ。人間は単に自分だけを清くするのではだめだと考えていたのであろう。

意志を曲げず他と和合しない人も、社会が動揺して変革するとき、たとえば明治維新のような時代には社会のどの局面かに食い込みうる余地があるものだが、世が治まり天下が泰平となれば、社会と同化しうる人でなければ社会から排斥されて、偏狭はますます偏狭となり狷介《けんかい》（自分の意志を曲げず人と和合しない）はいよいよ狷介とならざるをえなくなる。社会としてはせっかく平和となったのに、秩序をこれらの人物によってかき乱されてはたまらない。

◆「賢明なる妥協」ができない人は冷や飯を食うしかない

狂歌で名高い蜀山人《しょくさんじん》大田南畝《なんぽ》は文政六年七十三歳で歿《ぼっ》したが、この人は生まれながらの狂歌師ではない。漢学者であり、政治の識見もあって政治に志していたのである。だが、時は徳川十一代将軍家斉《いえなり》の時代で、白河楽翁《しらかわらくおう》・松平定信（家斉の従弟《いとこ》）が幕政に参与し、もっぱら朱子学《しゅし》で天下を治めたので、朱子学に反対の学者はどんな人材も登用されなかった。元禄時代の伊藤仁斎《じんさい》、荻生徂徠《おぎゅうそらい》、太宰春台《だざいしゅんだい》などが、古学を唱えて朱子学に反対したために、幕府にいっそう圧迫されてしまった。世に容れられなかったために、蜀山人は狷介高踏《けんかいこうとう》の人となり、世の中を鼻の先であしらい、狂歌の世界に隠れてしまった。

有名な軍学者山鹿素行《やまがそこう》も蜀山人と同じように政治の知識をもち、けっして単純な軍学者ではなかったが、『聖教要録《せいきょうようろく》』を書き、「広く民に施してよく衆を済《すく》う」のが儒教の精神であると説いて、朱子の説を非難したので、幕府の大学頭である林家から猛烈な抗議を受け、その迫害により素行の天禀《てんぴん》（生まれもっている才能）の才が世に出る道がなくなった。そして寛文六年に罪を得て播州赤穂《ばんしゅうあこう》に預けられる身となった。当時の藩主浅野内匠頭長直《たくみのかみながなお》は素行を礼をもって迎え、藩の子弟はその精神教育を受けた。それが元禄十四年の四十七士の快挙となって現われたのである。素行がその才を振るう政治家となり得ず、一生軍学の世界に隠れてしまったのは、朱子学派の圧迫で手足を伸ばす余地がなかったからである。

蜀山人が狂歌に隠れ、素行が軍学に隠れ、同じように狷介のまま世を終わらなければならなかったのは、当時世の中はすでに泰平となり朱子学によって社会の秩序が保たれていたので、これに同化せずに異説を主張すれば、社会から排斥せられ圧迫を加えられるのはやむを得ない。

12 考えすぎる人に「棚ぼた」は落ちてこない！

季文子《きぶんし》三たび思い而《しか》る後《のち》に行《おこな》う。子《し》これを聞きて曰《いわ》く、再びすればこれ可《か》なり。［公冶長《こうやちょう》］

魯《ろ》の国の家老季《き》孫《そん》行父《こうふ》（季文子）はいたって思慮深い人だった。季文子が晋《しん》に招かれて行くことになり、喪《も》に使う礼服を求めて持参した。そのわけを尋ねられて、文子は答えた。

「不慮《ふりょ》にそなえるということは古《いにしえ》の善い教えだ」

はたして、晋の襄公《じょうこう》が亡くなったのでその用意の甲斐《かい》があったと思えた。このように思慮深い人は、物事の判断が遅く優柔不断で、容易に事を決め難いものである。

孔子はこれを聞いて批評した。

「物を思慮せずに行なうことはもとよりいけないことだが、季文子のようにとつおいつ考えすぎるのもいけない。過ぎたるはなお及ばざるがごとし。果断にとぼしければ、時機を逸することが多い。再考ぐらいでちょうどよい」

物事には緩急があって、三回思案してもなお足りず、五思十思しなければならないこともある。反対に再考の必要なく、すぐさま実行しなければならないこともある。たとえば子供が井戸に落ちそうなのを見たら、無条件にこれを救うために駆けつけなければならない。これが人の道である。救うべきかどうか考慮する余裕はない。近所の交番に駆けつけるのも考える暇などない。これを知ったらすぐさま行動しなければならない。その心がけは平常から養っておかなければならないものである。しかし、一国の大事とか一身の将来に関する問題とかということになれば、考慮に考慮を重ね千思万考の結果これを決めるべきである。

◆いざというときの秀吉と勝家の決断力の差

勇断果決ということは、大人物にしてはじめてこれを成しうるもので、凡人がへたに真似るととんでもない失敗を招く。わが国で決断が明快でしかも道を誤らなかった大人物は、戦国時代の羽柴秀吉、泰平の時代では水戸光圀《みつくに》、近年になっては徳川慶喜であろう。

秀吉の明断果決は、二十歳で遠州《えんしゅう》の松下嘉平治《かへいじ》に仕え、大いにかわいがられていたにもかかわらず松下に見切りをつけ、織田信長を見込み織田に仕えたのを見てもわかる。そして信長にすすめて当時東海道第一の今川義元を桶狭間《おけはざま》に奇襲して倒したのも優れた果断である。

一生を通じて最も明快なる決断力を発揮したのは、信長が光秀に殺された本能寺の変に対処したときである。信長の命を受けて中国遠征したときには、本能寺の変など夢にも思っていなかったが、ひとたび信長殺害の報に接するや、直ちに強敵毛利輝元《てるもと》と和議を結び、光秀誅伐《ちゅうばつ》のために兵を戻して、わずか十三日で光秀の首を取ったのは秀吉の果断の結果である。

秀吉がとっさの間に、光秀誅伐を決意して毛利と和睦《わぼく》したのは、信長の跡目を自分で引き受けようという野心から出たものではない。ただただ主君の仇は報じなければならぬとの武士道の考えから、熟考再思もせず直ちに中国から引き返したものと思われる。

柴田勝家にはこの果断がなく、いたずらに形勢を眺め、もしや明智の天下になどと心配しているうちに秀吉に功名を上げられ、天下を取られてしまったのである。このような非凡な決断力のある秀吉も、晩年はよほど鈍ってきたようだ。その臨終に秀頼をすべて徳川家康に託してよいものかどうかと決断に迷い、家康に託したようでもあり託さぬようでもあり、事を曖昧《あいまい》にして豊臣家の滅亡を早めた。

人は晩年が大事である。若いときに欠点はあっても、晩年がよければその人の価値は上がってくるものである。古人の詩にも「天意夕陽を重んじ、人間晩晴を貴ぶ」の句がある。日中どんな快晴でも夕方に雨が降れば、その日の一日中が雨でも降ったように感じられるのと同じで、人間も晩年が晴れやかなものでないと、つまらない人間になってしまうものだという意味であろう。

◆呉《ご》の泰伯《たいはく》を見習った水戸黄門の大決断

水戸光圀（黄門）は家康の孫であるが、上命で兄頼重《よりしげ》を飛び越えて水戸家を相続したが、自分の跡は必ず兄頼重の子に相続させよう、つまり呉の泰伯と同じことを実行しようと決心した。

二十七歳で近衛関白信尋《のぶひろ》の娘を奥方に迎えるにあたり、

「男子が生まれても跡継ぎとせず、兄頼重の家を継がせ、兄頼重の子をわが跡継ぎと決めているから、これを心得て嫁いできてくれ」

と申し入れた。

父頼房《よりふさ》が亡くなると、兄頼重はじめ諸弟を父の霊前に集め、頼重の子松千代《まつちよ》（綱方《つなかた》）を跡継ぎとすることを宣言し、これを実行した。非常の決断力がなければできることでない。また『大日本史』を著して大義名分を明らかにしたことで名高い。

徳川慶喜は光圀の末裔《まつえい》であるだけに、やはり明快なる決断力があった。第十五代征《せい》夷《い》大将軍の職にあって天下形勢のおもむくところを察知し、反対を押しきって大政奉還を決心したのは光圀の遺志を継いだ大英断といえる。

そして、いったん大政を奉還してからは大正二年に亡くなるまでの四十余年間、いっさい政治に関与しなかったことも、非凡な決断力のある人物でなければ遂行できないし、また自信が強くなければとうていできるわざではない。

13 「保身」に過ぎれば必ず信を失う！

子《し》曰《いわ》く、甯《ねい》武《ぶ》子《し》、邦《くに》に道あれば則《すなわ》ち知《ち》、邦に道なければ則ち愚《ぐ》、その知には及ぶべきなり、その愚には及ぶべからざるなり。［公冶《こうや》長《ちょう》］

甯武子は衛《えい》の文公《ぶんこう》と成公《せいこう》の両王に仕えた人である。文公は有道の君子《くんし》で、その時代は政治が行き届いた世だったので、甯武子は自分の才知を発揮して君主をたすけ政治を行ない、知者として尊敬された。成公の世になると無道の暗黒時代となり、ついに国が倒れてしまった。甯武子はこうなると、才知を隠して愚人のように振る舞い、時とともに流れて災いを避けた。

文公のとき、つまり道理の通る世では立ち働いて知者となるのは難しいことではなく、私にもできそうだが、成公のとき、つまり無道の世に才知を隠して愚人のように振る舞うことは私には考えつかない、と孔子は批評した。

孔子は生涯、世の乱れをただし、民を救うことをただひたすらやってきたので、自分の保身について考えたことがない。だから単純に甯武子を称賛したのではない。

孔子の門人たちも、子貢《しこう》や子路《しろ》のような気性の人は、無道の世に対処して愚者をもって甘んじた甯武子を称賛する気になれず、成公のような無道の君主になったときには、さらに馬力をかけて天下に号令し、巧言令色《こうげんれいしょく》の悪人どもを徹底的に排除するだろうと思われる。

日本人の気性は子貢や子路よりもさらに才能を隠す方法が下手で、無道の世だからといって、甯武子のように馬鹿になりきれず、天下に道がなければないほど、いよいよ奮起して人心を目覚めさせようとするに違いない。これは中国人と日本人との気質の差でもあろう。

中国はさすがに大陸だから物が大きく、どんよりしている。昔から「大功無名《だいこうむめい》」という語があるくらいで表面に立ってはなばなしく活動するよりも、隠然と陰で働き、大功を立てようとする傾向がある。

これに反して日本は絶海の島国だから、気風が清浄で人の気質も一直線で、とかく名乗りを上げて表面に立ちはなばなしく奮闘することを好み、陰の仕事はしたくないという短所がある。

「才子は才を恃《たの》み、愚は愚を守る。青年の才子は愚に如《し》かず。請う看《み》よ他年成学の後、才子も才ならず、愚も愚かならず」という詩があるが、人間が愚を守るということははなはだ難しいものである。真に安心立命（安らかな心で身は天命にまかせ、動揺しないこと）の境地に到達した人でなければとてもできないことである。

14 自分の資質の生かし方を十分心得ているか

子《し》、陳《ちん》に在《いま》して曰《いわ》く、帰らんか帰らんか。吾《わ》が党の小子《しょうし》、狂簡《きょうかん》、斐然《ひぜん》として章を成す、これを裁《さい》する所以《ゆえん》を知らざるなり。［公冶長《こうやちょう》］

孔子が、道を説いて天下の乱れを救おうと、諸国をまわったが、どこでも取り上げられなかった。陳の国にいたとき、もはや遊説の旅はむだだ、故郷の魯《ろ》の国に帰ろうと決心した。そして、

「魯にいる青年たちは道に志し、その志は進取的で高大（狂簡《きょうかん》）で、しかも、美しい織物の模様（斐然《ひぜん》）のような美質をそなえている。ただ、それを裁断して仕立てる方法を知らないから、私が帰郷して指導してあげよう。今まで諸国を奔走して、このことを怠っていたが、これからは遊説をやめて魯に帰り、この教育に従事することにしよう」

と孔子は言ったという。

15 伯《は》夷《くい》・叔《しゅく》斉《せい》の生き方に〝人間の度量〟を学ぶ

子《し》曰《いわ》く、伯夷・叔斉は旧悪を念《おも》わず。怨《うら》みこれを用《もっ》て希《まれ》なり。［公《こう》冶《や》長《ちょう》］

伯夷と叔斉は清廉潔白の人で、孟子はこれを「聖《せい》の清《せい》なるもの」といった。

周《しゅう》の武王が主君である殷《いん》の紂《ちゅう》王《おう》を討とうとするのを聞いて、二人は武王の出陣を馬を叩いて諫《いさ》めた。

「どんな無道な君主でも、臣が君を倒すのは仁とはいえません。これは暴をもって暴を制することです」

その諫《かん》言《げん》が容れられず、ついに殷を討伐して周の天下となったが、二人は周の粟《ぞく》（食物）を食うに忍びずといって、首陽山に隠《いん》遁《とん》し、

「我、いずくにか適《てき》帰《き》せん。ああ徂《ゆ》かん。命《めい》の衰えたるなり（われわれは、いったいどこへ行って身を落ち着けたらよいのだろうか。さあ行こう。われわれの命は、もは

やいくばくもない)」

という歌をつくって、餓死したのである。

これほど悪を厳しく憎むというと、その心は狭くて頑固で人を許容しないかといえばそうではなく、二人はただその悪を憎むだけで、その人を憎まず、人の旧悪を記憶してこれを責めたりうらんだりすることはけっしてない。それゆえ、厳しく悪を憎んでも、他人からうらまれることが少なかったと、孔子は伯夷・叔斉の度量を称揚したのである。

16 海のごとき〝包容力〟をもった人間の魅力!

顔淵《がんえん》・季路《きろじ》侍す。子《し》曰《いわ》く、盍《なん》ぞおのおの爾《なんじ》の志を言わざる。子路《しろ》曰く、願わくは、車馬《しゃば》衣軽裘《いけいきゅう》、朋友《ほうゆう》と共にこれを敝《やぶ》りて憾《うら》みなけんと。顔淵曰く、願わくは、善に伐《ほこ》ることなく、労を施《うつ》すことなけんと。子路曰く、願わくは、子

の志を聞かんと。子曰く、老者《ろうしゃ》はこれを安んじ、朋友はこれを信じ、少者《わかきもの》はこれを懐《なつ》けんと。〔公冶長《こうやちょう》〕

弟子の顔淵と季路（子路）が孔子のかたわらにいたとき、孔子が二人に、

「おのおの自分の志を述べてみなさい」

と言った。これに対してまず季路が、

「よい友人とならば、一つの車に二人で乗り、一匹の馬に二人でまたがり、絹や毛布でつくった服を一枚を二枚に割いて着、これを破っても少しも惜しくはない。こういうよい友人を得て、苦楽をともにしたいものです」

と言った。その真摯《しんし》なる温情がその言葉に表われている。

季路の率直なのと異なり、顔淵は元来哲学者ふうの人だったから、

「私は他人に善いことをしてあげても自慢せず、また自分にできることならばつらいことでも労をいとわず自分でやり、他人にそれを押しつけるようなことはしたくない」

と答えた。季路の志に比べると、深遠なところがある。

今度は季路が孔子に対して、先生の志を聞きたいと申し出た。孔子は、

「老人に対しては安心を与えてこの世を楽に暮らさせたい。友人とは信じて交際を全うしたい。少年はこれを愛して慕われるように導きたいものだ」

と答えた。この三人の志をみると、季路の志は身近で通俗的だ。顔淵の志は遠大で高尚だが、孔子の志に至っては、天のように広く海のように深い。すべての人に対して「仁」をもって接し、包容力が言外にあふれている。

◆計り知れなかった大山巌《いわお》の大陰徳・大度量

顔淵の「願わくは善に伐ることなく労を施すことなけん」と言ったことは、顔淵の精神にきわめて世間離れしたところがあってはじめて発し得られる言葉である。この精神は実践家よりも学者、宗教家などの思想家に見受けられ、どちらかというと、こういう思想は東洋趣味で、これを「陰徳」と名づける。

西洋ではこれに反して、自分の善行を他人に吹聴して誇りがちで、しかも責任はなるたけ他人に転嫁するようだ。

日本では陰徳を積むことを最上とし、自己の責任だけでなく、他人の責務でも引き受けるのが武士道の本意であるとしている。明治維新前後にはずいぶん人物も多く現われたが、伊藤博文でも、大隈重信でも井上馨《かおる》でも、みな「善に伐りがたる」ほうであって、「おれはこれほど偉いぞ」とばかりに吹聴し、善に誇らぬ人ははなはだ少なかった。

ところが西郷兄弟などは、まず陰徳の人であったように思われる。大山巌に至っては実に陰徳の大器であった。大山はこれというほどの傑出した長所があって人目を引いたのではなかったが、その度量は大海のようで、たいそう人によくなつかれ慕われた。

日露戦争のとき、満州軍総司令官として軍司令官の上に立ち、これを指揮するにあたり、大小のことすべて児玉源太郎総参謀長にまかせて、悠々閑々《ゆうゆうかんかん》(ゆったりと急がないさま)どこで戦っているのか知らない感じだったという。司令官に命令するとき、「しっかり頼むぞ」と繰り返して二度言ったきりで電話を切ってしまったそうである。

その大綱だけをつかんで泰然自若、動かざること山のごときものがあって、けっして自ら功を誇ることのなかった人である。

◆「大常識人」としての孔子の大きさ

こうできるには、まず第一に常識が発達していなければならない。善功に誇り苦労を他人に転嫁するような人は、常識にとぼしいからである。常識の根底となるものは同情心であることを知らなければならない。精神の根底に同情心がなければ、人の常識はけっして発達しないものである。西郷隆盛、西郷従道、大山巌などのほか、木戸孝允、徳大寺実則《さねのり》なども善に誇らぬ人であろうかと思われる。

孔子の志に至っては、季路のように客気《かっき》(物事にはやる心)にはやったところもなく、顔淵のように超越脱俗的(世俗的な考え方をはるかに超えていること)でもなく、温かくて大いに常識に富んだものである。つまり「老者はこれを安んじ、朋友はこれを信じ、少者はこれを懐けん」というのである。

今の世は若い人の幅のきく全盛時代で老人は邪魔者扱いにされている。人は年を取れば気力が衰えてくるから、とかく気短になり、また記憶力も減退して自分でも困っているのである。これを安心させて気楽に世を送らせるということは、大徳の人でなければ思い至らぬことである。

17

自分の〝過《あやま》ち〟を正すのに手遅れは絶対ない！

子曰《しいわ》く、已《やん》ぬるかな。吾未《われいま》だ能《よ》くその過ちを見て内に自ら訟《せ》むる者を見ざるなり。［公冶長《こうやちょう》］

だいたい人は過失を犯しても、これを自覚しない人が多い。たとえ自覚しても心に悔いて改める者はたいへん少ない。また過失を言いつくろって人の眼をごまかして押し通したり、はなはだしいのは十分に自分の非を承知したうえで、なおかつそれをやりとげてしまう者さえいる。

二千五百年前にも孔子は、

「世も末である。私は、いまだに過ちを知って自らを責め、悔い改める者を見たことがない。これから以後もついにこれを見ることができないのか」

と嘆いた。はたせるかな、孔子の予言どおり二千五百年後の今日でも同じく、自らその過失を責める人は依然として少ない。まことに困ったことである。

世の中のことは何事にも進化があって、宇宙も進化し、生物も進化し、森羅《しんら》万象《ばんしょう》みな進化のあとが見られるが、ただ〝道徳〟だけは、二千五百年前の孔子の時代でも、そのまた二千五百年前の堯《ぎょう》・舜《しゅん》の時代でも、五千年後の現代でもまったく同じで、進化するどころか、かえって退化したようだ。ことに国際道徳に至っては退歩もはなはだしい。悪くなる一方である。

世の中を進歩させるには、精神文明と物質文明が並行しなければならないのに、物質文明だけが長足の進歩をとげ、精神文明がこれについていけない結果、こうなったのであろう。

個人の道徳を進化させると同時に、国際道徳も進歩させなければならない。

第六章

孔子流の「先《せん》憂《ゆう》後《こう》楽《らく》」の生き方

1 「おおまか」と「おうよう」ではまるで大違い！

子《し》曰《いわ》く、雍《よう》や南面《なんめん》せしむべしと。仲弓《ちゅうきゅう》、子桑伯子《しそうはくし》を問う。子曰く、可《か》なり、簡《かん》なりと。仲弓曰く、敬《けい》に居《お》りて簡《かん》を行《おこな》い、以《もっ》てその民に臨む。また可ならずや。簡に居りて簡を行う。乃《すなわ》ち大簡《たいかん》なるなからんやと。子曰く、雍の言《こと》然《しか》りと。［雍也《ようや》］

孔子が、その門人の雍の人物を評して言った。

「雍は南面して君主の地位で政治をまかせるに足る」（南面とは天子や諸侯は南向きで政治をすること。臣下は北面となる。したがって、ここでは天子をはじめ人の頭に立つことのできる人物だということである）

他日、仲弓（雍）が魯《ろ》の子桑伯子の人物について質問すると、孔子は答えた。

「伯子も南面できる人物だ。礼儀正しく寛大である。またおおまかでよろしい」

仲弓はこの答えに満足せず、自分の所見を述べて質問した。

「つつしみ深くておうようで、それで人民に臨むのならけっこうですが、おおまかに構えて、おうように行なうのでは、あまりに大雑把すぎませんか。放漫だと思います」

孔子はその説を聞いて、

「雍の言うとおりだ」

と言った。

孔子の前言が間違いかというと、そうではない。孔子は、伯子の姿勢の大筋を許容して評価したもので、仲弓が精細にわたって欠点を論じたのも正しいが、上に立つ者のおおまかさ、おうようさを積極的に取り上げたのである。

2 短気はすべての長所に〝蓋《ふた》〟をしてしまう！

哀公《あいこう》問う、弟子《ていし》孰《たれ》か学を好むとなすと。孔子対《こた》えて曰《いわ》く、顔回《がんかい》なる者あり学を好む。怒りを遷《うつ》さず、過《あやま》ちを弐《ふた》びせず、

不幸短命にして死せり。今や則《すなわ》ち亡《な》し。未《いま》だ学を好む者をきかざるなりと。［雍也《ようや》］

孔子は天下を周遊して、政治の舞台に立って、自分の意見を打ち立てようとしたが実現せず、あきらめて、哀公の時代に六十八歳で故郷の魯《ろ》に帰った。そして従来の希望を一変して、子弟を訓育することに専念した。これによって諸侯を動かし、精神的な面から諸侯の心に食い込んで自分の志を実現しようとしたのである。その一方法として、魯の史記に基づいて『春秋《しゅんじゅう》』をつくり、人の心胆を寒からしめた（震えあがらせた）。

孔子は七十三歳で亡くなったから、この問答は、その死の三年前にあったものかと思われる。

哀公は暗愚（道理がわからず愚かなこと）の君主で、怒りにまかせて八つあたりしたり過失を繰り返したりする人だったので、孔子は常に諫《いさ》めて不徳を直そうと思っていたが、たまたま哀公から本項の質問があったので、顔回の賢徳を称賛して、間接的に哀公の不徳をそれとなく批判したもののようだ。これは孔子が人を導くときによく使う手である。

顔回は「公冶長篇《こうやちょうへん》」で、「願わくは、善に伐《ほこ》ることなく、労を施《うつ》すことなけんと」（第五章の16参照）といったように、徳行を旨として修養した人である。学問を好んで修養向上を怠らない人は、自然と顔回のように怒りをうつさないようにもなり、また過失を再び犯さないようにもなるものである。

書物を読んだから、学問をしたから、頭脳が明敏だからというだけでは、怒りをうつさない境地に到達するとはかぎらないものである。

一例を挙げれば、井上馨《かおる》などは学問もあり識見もあり、頭脳もまた明敏であったが、怒りをうつしやすい性質だった。何か一つ気に入らないことがあると、四方八方にあたり散らす悪癖には閉口したものである。

「顔回という者がいて、学問が好きだった。怒りにまかせて八つあたりすることなく、過ちを繰り返すこともなかった。不幸にして若くして死んで、もはやこの世にいない。顔回ほど学問好きな者はほかに聞いたことはない」

というのが孔子の答えである。

世間には怒りをうつし過ちを再びする人でも、知恵さえあれば立身出世して社会に貢献する人がけっこう多い。そのうえになおさらに怒りをうつさず過ちを繰り返さない美徳をそなえていたならば、世間からどれほど尊敬されるかわからない。

私が今日まで接した人の中で、この人こそ真に怒りをうつさぬ人だと思ったのは、維新後静岡藩の勘定頭《かんじょうがしら》を務めていた平岡準蔵である。一橋慶喜《ひとつばしよしのぶ》公が将軍になる前は、平岡越前守《えちぜんのかみ》と称して幕府の勘定奉行を務めていたが、慶喜公が将軍になってからは陸軍局の歩兵頭《ほへいがしら》に任ぜられていた。

彼はどんなことがあっても、怒りを他にうつさないどころか、怒りを知らないといってもよいくらいの人であった。あれほどの人物であったから、維新後も立派に出世するものと思ったが、不遇の中で亡くなってしまった。

3 志は三か月不変なれば本物になれる

子曰《しいわ》く、回《かい》やその心三月仁《さんげつじん》に違《たが》わず、その余《よ》は則《すなわ》ち日に月に至るのみ。［雍也《ようや》］

孔子は容易に人に「仁」という表現を許さなかった。たいていの人を評して「仁」の意味を知らないと言ったものである。顔回《がんかい》はその心に私欲がなかったから常に仁徳があり、久しく仁に違背（そむくこと）することがなかった。

孔子の門人多数の中で、顔回一人だけは仁の心を三月の長い間も持続していけるが、その他の人々は、日に一度か月に一度くらいしか仁の心になり得ない。顔回の徳業はすべてに勝ると孔子は誉めた。

昔、浅草に一人の悪人がいた。人を殺したが、懺悔《ざんげ》して僧となり名を禅海《ぜんかい》と称した。諸国を行脚《あんぎゃ》して九州豊前《ぶぜん》の国に来た。耶馬渓《やばけい》の渓流に臨むけわしい道があった。これは豊後《ぶんご》の日田《ひた》と豊前の中津《なかつ》とに通じていたが、道は狭くけわしくて荷をつけた馬がしばしば谷川に落ちて死んだ。

禅海はこれを見て衆生《しゅじょう》を救う大願を立て、その山すそに隧道《ずいどう》（トンネル）を掘ることを考え、毎日鑿《のみ》と鎚《つち》とで巌石《がんせき》をうがち、朝夕は近村を托鉢《たくはつ》して衣食《えじき》の資をつくり、日中は晴雨風雪をいとわず、二十年間岩を掘り続けた。

こうして功成り志とげて隧道は貫通し、人馬の往来は安全となった。世にこれを「青の洞門《どうもん》」といって耶馬渓中の名勝地となった。今は洞門を拡大して汽車が通っている。禅海はこの地で生涯を終えたが、村人はその徳をたたえて石像をつくった。これは善に目覚めて仁者となった好例である。

4 ああ、この人にしてこの疾《やまい》あり！

伯牛疾《はくぎゅうやまい》あり。子《し》これを問い、牖《まど》よりその手を執《と》って曰《いわ》く、これを亡《ほろ》ぼす、命《めい》なるかな、この人にしてこの疾あり、この人にしてこの疾ありと。［雍也《ようや》］

孔子の弟子の中でも、冉《ぜん》伯牛は顔淵《がんえん》（顔回《がんかい》）や閔子騫《びんしけん》についで徳行の高かった人である。

その彼が病気になったが、ひどい悪病でハンセン病であったといわれている。孔子がわざわざ見舞いに行きながら、しいて室内に入らなかったのもこのためだろう。伯牛も自分の体が膿《うみ》だらけなので、師にお目にかかるのをはばかり、室内に招き入れなかったのであろう。

しかし、孔子は窓から手を差し入れて伯牛の手を取り、重態でとうてい回復の望みがないのを見て、この人を失うのはまことに痛惜（非常に惜しむこと）に耐えないが、天の定めた運命ならばしかたないと嘆いたのである。

「この人にしてこの疾あり」の嘆きの中には、「これほど徳の高い前途有望の伯牛にも、こんな悪い病気が取りつくのか。なんという情けないことであろう」という意味を含んでいる。

「この人にしてこの疾あり。この人にしてこの疾あり」と、同じ言葉を二度まで重ねて繰り返したのをみると、孔子がいかに人情に厚く、門人を愛する情が深かったかがわかる。

孔子が、今日に至るまでなお中国はもちろん、日本人にも尊敬され、最近では欧米の人々にも畏敬《いけい》される理由は、この人情に厚かった点である。才や力ばかりでは、とても長く人を心服させてゆくことはできない。

◆惜しくも早世した天才的実業家の卵の話

私もこれまで長年の間に知り合っている人物の中で、この人こそ将来必ず偉くなると期待しながら早世し、惜しいことをした、残念なことをしたと思った場合がたびたびあった。たとえば、藤田東湖《とうこ》の四男小四郎《こしろう》が、二十四歳で武田耕雲斎《こううんさい》の乱に加わって死刑に処せられたと聞いたときなど、なんたることであろうと愛惜の念を禁じえなかった。

また大亦興治《おおまたおきはる》という青年がいた。紀州出身で、明治二十年頃、私が深川に住んでいたときに、彼の母が私の家で働くようになった関係から寄留していた。当時彼は十六歳であったように記憶する。頭脳明敏で一を聞いて十を知る知能があった。学校で学んだというのでもない。ただ生まれついて読書が好きで、暇さえあれば手あたりしだいに読書し、ことに新聞を精読したが、理解できないことがあれば、それを直ちに私に質問した。その質問が要領を得ていて、これを説明してやれば、ふつうの青年には理解できにくいような難問題でも、彼はたちまち理解できたのである。

私は感心して、興治のことを第二十銀行頭取西園寺《さいおんじ》公成《きんなる》に話したところ、

「そんな青年ならぜひ欲しい。使ってみたい」

と言われ、いきなり第二十銀行の支配人に抜擢《ばってき》された。興治が二十二歳のときであった。

私も西園寺の思いきった登用には少々驚かされた。多少不安にも思ったが、さすがに一を聞いて十を知る大亦だけあって、二十二歳の青年でありながら、よくこの重任に応え、支配人の任務を立派に遂行した。

才知の長《た》けたものは、とかく機敏に立ち回り、狡猾《こうかつ》になりやすく、往々悪事にはしる傾向があるものだが、興治はこれほど鋭敏で非凡の才能をもちながら、少しも曲がったところがなかった。信用も加わり、将来有望な実業家と目されていたのだが、惜しいことに肺病にかかり、わずかに二十四歳になったばかりで死んでしまった。

私は、大亦が肺病にかかったと聞いたときには、孔子が伯牛の死病に取りつかれたときと同じように、「この人にしてこの疾あり」の嘆きを発せざるを得なかったのである。

5 豊かさの中の「質素」にこそ真の楽しみがある！

子《し》曰《いわ》く、賢《けん》なるかな回や。一箪《たん》の食《し》、一瓢《ぴょう》の飲《いん》。陋巷《ろうこう》にあり、人はその憂《うれ》いに堪《た》えず。回やその楽しみを改めず。賢なるかな回や。［雍也《ようや》］

孔子が、弟子の顔回《がんかい》が賢明であることを誉めたたえてこのように言った。

顔回は家が貧しく、食うものはただ竹のわりご一杯の飯だけと、飲むものはひさごの椀一杯の汁だけで、狭い路地の横丁に住んでいた。常人ならば、このような貧乏暮らしに堪えられないところを、顔回は少しもこれを苦にせず、それどころかそれを楽しんで改めようとしない。これは天命を信じていなければできないことである。

これを、孔子が人に貧困の生活をすすめ、金持ちを攻撃したように受け取るのは大きな誤解である。人は金をもっていなければ、広く民衆に施して救うこともできないものだ。孔子もこのあたりのことは知っている。人に貧困をすすめているのではなく、ただ顔回が富の誘惑に打ち勝って貧乏暮らしに満足し、志を曲げず、威武《いぶ》（威光と武力）にも屈せず富貴にも溺れない一流の人物としての識見を抱き、道を楽しんでいることを誉めたまでである。

ふつうの人は、何よりも富貴を重んじ、権勢におもねり、金力につくのを処世の秘《ひ》訣《けつ》であるように思っているが、間違いだ。賢明に見える人でも、富貴のために志を曲げるような人は、最後には富貴のためにどんな悪事を犯すかもしれない。あるいは身を滅ぼすかもしれない。こんな下劣な人間は、まっとうな世の中では通用しない。

東京市の養育院で収容している身寄りのない老人に共通の性質は、不思議と利己的なことである。これは私だけでなく、同院関係者が一様に感じている事実である。利己一点ばかりを心がけてきたのなら、養育院に収容されるような老廃者にならずに、富貴栄達（富み栄え、身分が高くなること）を思うままにとげられそうなものだが、その結果はまったく正反対である。

我利一点ばりの人は、いかに自分だけがそれで押し通そうとしても世間が承知せず、世間から理解同情されなければ世の中に立てなくなり、ついには自ら食うに困り、養育院に収容されるようになるものである。だから、人は富貴を超越して人のために気を配る気持ちがなくてはならない。

貧乏をしても困苦に陥っても少しも屈折せず、顔回のように天命に安んじることこそ大切である。

6 自分に「見切り」をつける人間ほど卑怯《ひきょう》なものはない！

冉求曰《ぜんきゅういわ》く、子《し》の道を説《よろこ》ばざるにあらず、力足らざるなりと。子曰く、力足らざる者は中道《ちゅうどう》にして廃す。今女《なんじ》は画《かく》す。

〔雍也《ようや》〕

冉求は孔子門下十哲の一人であるが、あるとき、

「先生の説く道は、まことにけっこうなことで、喜ばないわけではないのですが、とても自分のような者は力不足で実行が難しいのです」

と孔子に言った。

孔子は言下にこれを退けて、叱《しか》った。

「力のない者はないなりに、途中で挫《ざ》折《せつ》して中止するのはやむを得ない。それを実行もしないうちから、自分の力不足を理由に、自ら見切りをつけるのは自暴自棄である。男子の尊ぶ弘毅《こうき》（度量が大きく意志の強いこと）の意気はどこにあるのか。仁をもって自分の任務とし、死して後やむの精神が少しも見えない。自ら見切りをつけ、前へ進もうと努力しないのは何事だ」

道というものは体を張って行ないさえすれば、誰にでも必ず実行できる。人にはそれだけの力が必ずあるものだ。もちろん人によってその力に大小の差があるから、道を行なうにしても、その道にもまた大小の別がある。

安積《あさか》艮斎《ごんさい》（朱子学者）の説に、

「賢者の行なう道は同じ道でも大きく、未熟者の行なう道は同じ道でも小さい」

があるが、まさにそのとおりである。だけど賢者の道も未熟者の道も、同じ道であることには変わりはない。

近頃、道をただ口先だけで説くにとどめ、それを実行する者が少なくなってきた。はなはだしいのは、

「道と行ないとはまったく別物であり、道は口で説いておればそれでよいのだ。道だけではとても世渡りができない」

といって、道は道としてあがめるふりをする者もいる。だが、道は実行によってはじめて価値が生じてくるもので、これを神棚の隅に片づけておいたのでは、道は無価値な家具と同じになってしまう。

7 「君子《くんし》の儒《じゅ》」となっても「小人《しょうじん》の儒」にはなるな！

子《し》、子夏《しか》に謂《い》うて曰《いわ》く、女《なんじ》君子の儒となれ。小人の儒となることなかれ。〔雍也《ようや》〕

学者のことを、一様に「儒」というが、その中に大小の別がある。道徳をもって人を治める者を君子儒といい、文芸をもって世に立っている者を小人儒という。

子夏は文学に長じており、人となりは謹厳《きんげん》で繊細だったので、孔子は彼に君子儒となれ、小人儒となってはいけないと戒めたのである。

子夏が莒父《きょほ》の宰相となり、政治について質問した。孔子は、

「速くやりとげようと思うな。目先の小さな利を見るな。速くやろうとすれば達成しない。目先の小利を見ていたら大事はできない」

と言ったという。

わが国でまず第一に君子儒といえるのは、新井白石《はくせき》である。

白石は徳川六代将軍家宣《いえのぶ》に仕えた人で、幕政に参与して特に幣制改革について功績があった。また刑政のことまでも深く調べて新しい試みをしている。非凡な識見をそなえていたことは、著者の『読史余論《とくしよろん》』を一読すればわかる。古代の政治権力の中心がだんだんと藤原氏に移っていく様子をこと細かに論述している。頼山陽《らいさんよう》の『日本外史』は、白石のこの書に基づいたものといっても過言ではない。

維新前後には君子儒といえる人が多かった。『海防備論』を著して盛んに攘夷《じょうい》説を鼓吹《こすい》したために井伊大老に憎まれ、殺されそうになった藤森弘庵《ふじもりこうあん》、君民一致して外夷《がいい》にあたる必要性と皇居の叡山遷居《えいざんせんきょ》、伊勢湾と敦賀《つるが》との間の運河開掘、『海防論』を書き大艦建造を論じた帆足万里《ほあしばんり》、『隔靴論《かくかろん》』を著して幕府政治の欠点を指摘、清国《しんこく》の阿

片戦争から日本への外国の侵攻を論じて海防の急務を説いた塩谷世弘《しおのやせいこう》などがそうである。

また徳川慶喜の老中、備中《びっちゅう》松山藩主板倉伊賀守《いがのかみ》の儒臣山田安五郎（方谷《ほうこく》）は藩政を改革し、物産を起こし土木を治め、将軍の大政奉還では大義名分を説いて初志をつらぬくことを説き、藩主に恭順（つつしんで従うこと）の意を表明させたなど、いずれ劣らぬ君子儒だった。

8 名補佐役として絶対してはならない「二つのこと」

> **子游《しゆう》、武城《ぶじょう》の宰《さい》となる。子曰《しいわ》く、女人《なんじ》を得たるか。曰く、澹台滅明《たんだいめつめい》なる者あり。行くに径《こみち》に由《よ》らず、公事《こうじ》にあらざれば、未《いま》だ嘗《かつ》て偃《えん》の室に至らざるなり。［雍也《ようや》］**

子游（名を偃という）が、武城の長官となってそこを治めていた頃、先生の孔子に質問された。

「おまえが武城を治めるのに、補佐してくれる優れた人物を得たか」

政治を行なうには人材を得るのが第一である。そこでこの質問が出たのである。

子游は、こう答えた。

「澹台滅明という人物がいます。この人は路を行くのに遠くをいとわず必ず正路を取り、けっして近道をしません。また職務上の公用でなければ、長官である私の室に来たことが一度もありません。このような人物だから登用しました」

安直な道を選ばず、公私をわきまえた人物こそ公正な補佐役となる。

どんな英雄でも、またどんな俊才でも、自分一人だけではとうてい大事を成しとげることは困難である。秀吉には加藤・福島・片桐・石田・増田《ました》・長束《なつか》など文武の達人があり、家康には酒井・榊原・井伊・本多などの四天王がいる。その手足となり耳目となってよく補佐をしたからこそ、天下を治めることができた。

天下を治めるためにはもとよりのこと、一国一城を治めるにも人材が必要である。慧敏《けいびん》な石田三成《みつなり》は早くからこの点を知っており、秀吉に仕えてわずかに四万石のとき、その半分近い一万五千石を割いて島左近《しまさこん》に与え、軍師として抱え入れたという。

適材適所に配置して、はじめて大小の経営は成就するものである。立派な人物を採用するときは、「為政篇《いせいへん》」にある孔子の教訓「その以《な》す所を視《み》、その由《よ》る所を観《み》、その安《やす》んずる所を察《さっ》」し、の視・観・察の三つをあわせて人物の選考の基準にするとよろしい（第二章の5参照）。

◆私が三菱の岩崎弥太郎《やたろう》と徹底的に対立したこと

三菱の創始者岩崎弥太郎は独占主義の人で、多人数の共同出資で事業を経営することに反対した人である。その意図するところは、多人数が寄り合って仕事をしては議論ばかりになって成績が上がるものでない、事業は自分一人でどしどしやってゆくにかぎるという主義であったようだ。私の主張する合本組織《ごうほんそしき》（株式会社）の経営はその正反対だが、それだけ人材を部下に網羅することは大いに骨を折りはしたものの、学問のある人を多く採用できた。

私は公職中には岩崎と交際しなかったが、明治六年私が官を辞めてから、岩崎から交際したいとわざわざ兜町《かぶとちょう》のわが家を訪ねて来た。それ以来交際するようになったが、根本において意見が相違し、私は合本主義、岩崎は独占主義を主張した。その間に相《あい》容《い》れないところがあり、明治十二、三年以来、激烈に争うようになった。それは私や益田孝《たかし》らが主張し、東京や各地の人々と相談して風帆船《ふうはんせん》会社を設立し、三菱汽船会社の向こうを張った。ついで、時の農商務次官の品川弥二郎《やじろう》が海運界における三菱の専横（横暴なこと）を抑えるためにもくろんだ共同運輸会社の創立に私が参画したからである。

私は個人としては岩崎を憎く思ったことはないが、私の友人の益田孝・大倉喜八郎《きはちろう》・渋沢喜作《きさく》などが猛烈に岩崎に反対するから、私をその反対仲間の大将のように思い込んで、岩崎は非常に私を憎んだものである。こうして明治十三年以来不和となって、仲直りもせず岩崎は五十二歳で死去された。

その後、三菱会社と共同運輸会社との競争はますます激しくなり、そのままでいけば共倒れになって外国汽船会社に乗ぜられるので、政府の調停もあり私も両社合併に尽力し、岩崎の死後まもなく明治十八年九月に両社合併して、今の日本郵船会社が設立されたのである。こうして岩崎家と私との行き違いも解け、岩崎の弟弥之助と親密に交際するようになり、岩崎家の重鎮川田小一郎《こいちろう》とも懇意になった。

明治二十六年に、川田が私を訪ねて来て、三菱と共同運輸と合併して日本郵船となった今日でも、なお世間は郵船会社を岩崎一家の事業のように思っているのは不本意だから、ぜひとも私にも重役になってくれと頼んだ。さらにその翌日弥之助がわざわざ来訪、重ねてその依頼があったので、私も国家のため一肌脱ぐべきだと考え、承諾の即答をして日本郵船会社の取締役となった。その翌年に日清戦争が始まり、戦後私も多少尽力して海外航路の拡張や新船の建造を実行させたのである。

◆裸身一つ「誠実」をそのまま地でいって大成功した古河市兵衛《いちべえ》

古河市兵衛の人の採用には見るべきところがあった。彼は学問のない人であったから、高い見識はもたず、何事を見るにも低い立場に立って観察したが、世に珍しい誠実の人であった。強将《きょうしょう》の下《もと》に弱卒なし(上に立つ者が優れていると部下も優れている)で、彼の部下にはことごとく孝弟忠信（誠意をもって目上に仕えること）の人が揃《そろ》っていた。

当時私は第一銀行を創立し、古河はその大株主であった小野組の番頭を務めて米穀部と鉱山部とを支配していた。ところが小野組は事業を拡張しすぎて明治七年突然破産した。このとき第一銀行は小野組に百数十万円を貸しつけており、ことに米穀部と鉱山部に対しては、私が古河を信じて無抵当の貸しつけであったから、もし彼が横着な考えを起こし、抵当を提供していないのを幸いに銀行を踏み倒そうとしたら容易なことで、第一銀行は潰れてしまうところであった。

そこは古河が誠実な人であったから、小野組の各倉庫にあった米穀全部と、同組所有の鉱山全部を第一銀行に提供してくれたので、銀行は少しも損害をこうむらずにすんだ。

小野組の破産に際して、古河は自分の給金も貯金もすべて主家の負債償還にあて、一枚の着換えさえもたずに主家と別れて出た美談がある。

その後一年ほど経ってから、彼は第一銀行に私を訪ねて来た。奥羽《おうう》で鉱山業を営みたいから資本金五万円を貸してくれと言うから快く貸し出し、古河はこの資本で多少の利益を上げた。さらに足尾銅山を経営したいと言うので、古河と相馬《そうま》と私との等分出資で、明治十年に拾万円の合資会社を興し、足尾銅山を古河にやらせることにした。そして明治二十四年に古河の単独経営に移したのである。

古河は鉱山のことに関しては神のような知能をそなえ、その見るところは少しの間違いもなかった。あるとき古河に案内されて足尾鉱山の坑内を検分したが、彼は職工服のようなものを着て先頭に立ち鉱脈のことなどを説明した。私は素人だからただ聴くだけだが、古河の鉱山知識がいかにも豊富で、銅山内のことはまるで掌《たなごころ》を指すようで、なんでも知っているのに驚いた。

このことを古河に話したら、彼はそれは別に不思議はない、あなたが銀行のことに詳しいのと同じで、人は商売によって賢いものです、と言って笑った。

古河は誠実さをもって部下を率い、その遺徳は今なお生きており、誠実な人たちがその一門に集まっている。

9 「殿《しんがり》」をどうまとめるかにこそ「その人の真価」が表われる

子《し》曰《いわ》く、孟之反《もうしはんぽこ》伐らず、奔《はし》りて殿《でん》す。将《まさ》に門《もん》に入《い》らんとす。その馬に策《むち》うちて曰く、敢《あえ》て後《おく》れたるにあらず、馬進まざるなり。［雍也《ようや》］

孟之反は謙虚な人で、自分の功績を誇ることがなかった。

魯《ろ》の哀公《あいこう》の時代に斉《せい》の高無平《こうむへい》が軍を率いて攻めてきた。魯も兵を出してこれを防ぎ郊外で戦ったが、敗《ま》けて退却した。このとき孟之反が殿（最後部）を務めて敵の追撃を防ぎ、全軍を護衛して帰還した。そして都の城門に入ろうとする際、自分の馬に鞭《むち》をあてながら人に語ったという。

「私が遅れたのは殿を務めたためではない。馬が疲れて走らなかったからだ」

と、自分の功を隠した。

大したことでもないのに、ふつうの人は誇りたがるものだが、殿軍《でんぐん》として大功を立てても人に知らせないというのは、その人物の器が大きく心が落ち着いているからだ。だから孔子はこれを大いに称賛したのである。兵法において進撃よりも退却を上手にやる指揮者が真の名将であるとしている。孟之反こそ真の名将である。

殿の重要性は兵法だけではない。実業界においても益勘定《えきかんじょう》より損勘定を精細に取り扱って、後始末をちゃんとつけられるような人でなければ、真の名事業家とはいえない。またこういう人でなければ、けっして事業に成功するものでない。

私は日頃この考え方で事業にあたり、殿を務める心がけをもって今日に至ったつもりである。

事業を興すには最初が肝心で、拙速はよろしくない。たとえ着手が少々遅れても、精細に考慮調査したうえで、これなら間違いはなかろうというところではじめて着手し、努力して事にあたればたいていは成功するものである。それでも不慮の事態が突発して事業の進行に狂いが生じたり、あるいは当事者の失敗で予定どおりにうまくいかない場合があるものだ。こんなときに殿を務めてこれをまとめ、損勘定を立派に仕上げてその後始末がつけられる人が、真の事業家である。こんな人はたとえその場では失敗しても、結局は成功者となる。

私はこの見地に立って事業に従事しているから、私が関係した事業が途中で挫折して終戦処理をしなければならないことも少なくなかった。しかし私はどんな苦境に立っても、あとは野となれ山となれと逃げだすようなことはせず、最後まで踏みとどまってその事業のために尽くしてきたつもりである。

◆みんな逃げてしまった会社に私一人で踏ん張る

私たちが設立した会社で、関係者がみな逃げてしまって私一人が取り残され、後始末をしたためにその事業が復活し、今日隆盛になっているものがないでもない。

その最たるものは大日本人造肥料会社である。明治二十年ごろ、高峰譲吉《たかみねじょうきち》博士が大学を卒業したばかりのときに私を訪問して、人造肥料の効能を説いた。

「今まで日本で使われている人糞《じんぷん》や堆肥《たいひ》というような肥料は、滓《かす》が多いから効果が薄い。肥料の成分だけを集めた人造肥料を使うべきだ。ことに土地の狭い日本では集約農法によらなければならないから、これからは人造肥料の使用を奨励する必要がある。ドイツでは盛んに人造肥料を使用し、英国もまた同じ傾向である」

私も、米国のような土地の広大な国では、大農法で機械を使ってなんでもかまわず広く耕し、大きな面積から多くの収穫を上げるのが経済的であろうが、日本のような狭い国土では、少しばかりの土地でも粗末にせず、これを丁寧に耕作し収穫の増加を図らねばならないと、かねてより考えていた。そのためその説に賛成し、益田孝・大倉喜八郎・浅野総一郎・安田善次郎《ぜんじろう》らと相談して、資本金わずか二十五万円の東京人造肥料会社（後の大日本人造肥料株式会社）を設立した。この年益田孝が洋行することになり、高峰も同行して欧州諸国の工場を視察し、人造肥料製造に必要な機械と硝酸を買って持ち帰ったのである。

これまで人糞や堆肥などのように金を出さなくても手に入る肥料は駄肥《だごえ》といい、鰊《にしん》糟《かす》や油糟というような金で買い入れる肥料を金肥《かねごえ》といった。人造肥料を製造してこれを売り出すには、金肥を使用する習慣のある地方へ売り込めばよかろうと考え、私の青年時代、藍《あい》の商売に従事したことから思いつき、藍の産地である私の郷里や房州や越後方面に品物を送ってみた。

ところが成績不良で、房州《ぼうしゅう》からは少しも効き目がないと文句をいってきたり、越後《えちご》からは胴鰊《どうにしん》などは耕地に押し込んでおけるから雨で流れる恐れがないが、人造肥料は雨が強ければ流出して効能がなくなるといってくるし、設立当初の一年はさんざんの結果に終わった。

その後高峰に聞いてみると、房州の藍産地に送った肥料の効き目がなかったのは当然のことであった。それは藍にやる肥料は窒素肥料でなければならなかったのに、過《か》燐酸《りんさん》肥料を用いたからである。どの作物にも過燐酸肥料をやりさえすればよいと早合点したのが、そもそもの誤りであった。

◆あてにならない〝皮算用〟よりはまず〝損勘定〟をうまく整理する

このように最初の一年は大失敗だったが、翌年はさらに会社が火災に遭って何もかも焼けてしまった。その翌年は高峰が米国へ渡航することとなり、その後任技師として西ヶ原試験所の森氏をすえたが、事業は思わしくなく欠損に次ぐ欠損で、私と共同で始めた友人らも会社を辞めてしまおうという意見になったのである。しかし、私はあくまでこの事業を成功させたいという決心があったから、結局私が一人で会社を引き受けた。損勘定をうまく整理しうる者でなければ真の事業家でないというのが私の持論であったから、こういう難局に立ったら殿を務める覚悟はできていたのである。

人造肥料の原料には硫酸を多量に使用する。そしてその硫酸を他から購入したから原料が高くつき、会社の利益が少なくなるのである。私が一人で会社を引き受けるようになってからは、積極方針を取って資本金を増加し、硫酸を会社自身の工場で製造して使い、他から購入しないことにした。これによって会社の利益は増進し、創立後六年目くらいからしだいに順調になり、今日では資本金二二四〇万円の会社となり、他にも同業の会社が続々と発足した。

◆命懸けのコケの一念が見事に実を結ぶ

ちなみに高峰博士と私とのつき合いは、博士の米国からの帰朝後も再開して、日本の急務は理化学研究所を設立することだという相談を受けた。そのとき、

「今日までの世界は、理化学工業よりもむしろ機械工業の時代であったが、今後の世界は必ず理化学工業の時代になる。その徴候がすでに欧米の工業界に現われており、ドイツは早くからこの点に留意し、皇帝から二七五万円、民間から寄付金をあわせて一二五〇万円の資金をもって、ウイルヘルム皇帝学院という一大化学研究所を設立した。日本人の田《た》丸《まる》節郎《せつろう》という人がこの皇帝学院に勤務し、窒素と水素とを人工で化合させてアンモニアを製造することや植物の葉緑素に関する研究をしている。

米国ではロックフェラーが二〇〇〇万円を投じて設立したロックフェラー研究所やカーネギー研究所があり、米国でもこれに気づいて科学研究所設立を目指している。日本も今後理化学工業によって国産を興すには、どうしてもこれの基礎となる純粋理化学の研究所が必要だ。日本人は模倣に長じているが独創力がとぼしい。これを改めて独創力に富んだものとするには、純粋理化学の研究を奨励するよりほかに道がない

から、ぜひとも理化学研究所をつくりたい」

と高峰博士は語った。

私はその説に共鳴し、中野商業会議所会頭と相談して実業界の実力者一二〇名を築地精養軒に招き、高峰博士に演説してもらった。

私からその設立に関する方法を参会者に諮《はか》ったところ、賛成されて発足の運びとなった。東京巣鴨にある理化学研究所がすなわちこれである。

10 あなたの「内面」と「外面」のバランスは大丈夫か

子《し》曰《いわ》く、質《しつ》、文《ぶん》に勝てば則《すなわ》ち野《や》。文《ぶん》、質《しつ》に勝てば則ち史《し》。文質彬彬《ひんぴん》として、然《しか》るのち君子《くんし》。【雍也《ようや》】

孔子は、人間は外形と内容とが釣り合っていなければ、立派な人物といえないと説いている。いかに内心が誠実で高潔な精神の持ち主でも、外面に表われた言動が礼を欠き、精神にそぐわないと、その人は野卑な田舎者にすぎない。

反対に内心が下劣であるにもかかわらず、外面をうまく取りつくろって美しく見せかける人がしばしばいるが、これまたけっして誉められた人物ではない。これはちょうど心にもない美辞麗句を連ねて書くのを仕事にしている役人と同じだ。

だから人は文（外面）も質（内面）も過不足なくバランスよくそなえた人物を、はじめて君子と呼ぶことができる。

こういう状態を文質彬彬という。質は「質素」の質で心根が素朴なことを指し、文は「文節」の文で言葉を飾り立てることを指す。また、彬彬は色などがうまく調和しているさまをいう。野は遠い郊外を意味するところから野卑なことをいい、史は国家の礼式と書き物を司《つかさど》る官名である。

人はとかく外形か内面かの一方にかたよりやすくなるものだ。礼に流れておべっかを使ったり、倹約がいきすぎて吝嗇《りんしょく》（金品をひどく惜しむこと）になったりするのも、みな一方にかたよるからである。

そうかといって、おべっかが悪いからと傲慢《ごうまん》で不遜《ふそん》な態度を取り、他人が善いことに励んでいるのを偽善者と罵倒《ばとう》し、あるいは吝嗇がいけないからといって金銭を湯水のように使い、金銭に淡泊なんだと他人に自慢するような人物になっても困る。

西郷隆盛や黒田清隆は、どちらかといえば、質が文に勝って粗野のほうであった。木戸孝允《たかよし》・大久保利通《としみち》や伊藤博文が文質彬彬のバランスの取れた人であった。

現代の青年は物質に流れて精神の空虚な者が多い。これは文が質に勝って、外形がよく肌ざわりのよいものが多くなったからである。その原因はいろいろあろうが、東洋道徳に対する関心が薄れてきて、ニーチェの道徳論を理解しても『論語』の道徳説を理解しないからである。どんなに自動車の講釈が上手でも、『論語』がわからないような人は、私は評価しない。『論語』をもって青年たちに東洋道徳を吹き込んでやりたい。

そうかといって、いかに精神が堅実でも、精神ばかりでは世渡りは難しい。漢学者によくあることだが、学校の寄付金募集などに出かけても話がうまくできなくて、募金の成果がまるで上がらないということでは、これも困ったものである。これは精神を実地に活用展開していく力がないからである。内面、外形ともに均衡を保ち、一方にかたよらない人物になるように、青年時代から心がけなければならない。

11 「正直一本の道」ほど安心して歩ける道はない

子曰《しいわ》く、人の生《い》けるや直《ちょく》。これを罔《な》くして生けるや、幸《さいわい》にして免《まぬが》るるなり。［雍也《ようや》］

人間が社会で生存していくには、すべて正直をもって君父《くんぷ》（主君と父親）に仕え、友人兄弟に接し、公衆と交わらなければならない。正直一本で行動すれば、道はなだらかで一生安楽に無理なく暮らしていける。

これに反して不正直な者にとっては、この世の中は厳しくて生きていくことが難しい。不正直者でいながら、なお世渡りができている者は、たまたまぐれで禍《わざわい》を免れただけである。このような例外を期待して不正直をするのは、愚の骨頂である。

12 どんなに「苦痛なこと」でも苦ではなくなる生活の知恵

子《し》曰《いわ》く、これを知る者は、これを好む者に如《し》かず。これを好む者は、これを楽しむ者に如かず。【雍也《ようや》】

これは、言葉どおりの意味で「知っているということは好むということに及ばず、好むということは楽しむということに及ばない」ということだ。

道を知っているだけでは、その人が必ずしも徳行家とはいえない。昔から「論語読みの論語知らず」という諺《ことわざ》があるが、これは論語の読み方は心得ているけれども、論語を好む心のない人を評した言葉である。「坊主の不道徳」、「医者の不養生」という諺も同じ意味だ。下世話に「好きこそ物の上手なれ」というのがあるが、まさにそのとおりである。人も道を好むようになり、さらに楽しむレベルに達することができれば、道を実際に行ないうるようになるものである。

つまり好むだけでは、もし中途で困難に遭遇すれば、その苦痛に耐えられなくなって、中止してしまう恐れがある。それが、心から道を楽しむ者ならば、どんな困難に遭遇しても挫折《ざせつ》せず、どんな苦痛も苦痛とせず、敢然として道に進み、道を実行していけるものである。顔回《がんかい》が貧乏暮らしに安んじているのも、釈迦《しゃか》が檀特山《だんどくせん》に入って六年の難行苦行を積んだのも、その好例である。キリストが十字架にかけられたのも、親鸞《しんらん》が越後に流罪《るざい》になったのも、その道を楽しむ境地に達し得た結果である。

私には社会事業を楽しむ癖がある。これまで種々の社会事業に奔走し、養育院、理化学研究所、外国への見舞金、関東大地震などへの寄付金集めをやってきたが、また渋沢の寄付取りかと、しかめっつらをする金持ちもいたらしい。こう思われてはあまりよい気分ではないが、私はちっとも苦痛とは思わない。これは私が社会事業のために尽力するのを無上の楽しみにしているからである。もしこれを楽しみにしてからなければ、とても寄付金集めで駆け回れるものでない。

13 人に効果的に教え諭す鉄則！

子曰《しいわ》く、中人《ちゅうじん》以上には、以《もっ》て上《かみ》を語るべきなり。中人以下には、以て上を語るべからざるなり。【雍也《ようや》】

「民は由《よ》らしむべし。知らしむべからず」という語とほぼ同じ意味である。この「民は由らしむべし。知らしむべからず」という意味を、けっして一般には知らせてはならないと解釈して禁止の句としている。これは孔子が『論語』の「陽貨篇《ようか》」の中で「上知《じょうち》と下愚《げぐ》とは移らず」といっているのを、単純に「知能の優秀な者と劣っている者は、教育によっても変えられるものでない」と解釈するのと同じような誤りを犯しているように思う。

むしろ私はそうではなく本項は、

「民は多人数でしかもレベルが違うから、とてもこれに一つひとつ事情を説明して聞かせるわけにはいかず、まあまあ頼らせるようにするしか方法がない」

というあたりが、その真意であろうと思っている。

「中人以下には以て上を語るべからず」というのもこれと同じ意味で、ある学説のように、「孔子が人間を上中下の三階級に分け、中以下の者へは、中以上の者に語り聞かせるようなことを語り聞かせてはならない」

という禁止の教訓をしたのではなく、ただ教育のある者に聞かせるようなことを、無教育の者に説き聞かせても、労多くして功少ないから、何事も「人を見て法を説く」ようにしたほうがよいだろうといったのだと私は思う。

14 孔子流の「先憂後楽」の生き方

樊遅《はんち》、知《ち》を問う。子曰《しいわ》く、民の義《ぎ》を務め、鬼神《きしん》を敬《けい》して而《しか》してこれを遠ざく、知と謂《い》うべし。仁を問う。曰く、仁者《じんしゃ》は難《かた》きを先《さ》きにして、而して獲《う》ることをのちにす、仁と謂《い》うべし。［雍也《ようや》］

弟子の樊遅が孔子に、知について質問した。孔子はこれに、

「親には孝行というふうに、人として努めるべきことを精一杯やり、福を求め禍《わざわい》を避けることを神だのみにせず、神は尊敬して祭り、あえてなれ近づくことのない人を知者という」

と答えた。

今度は仁について質問した。孔子はこれに対してこう答えた。

「仁者は自分中心の心に打ち勝って礼に立ち返り、誠意をもって人に接する。苦労を先にして、利益を獲得するのを後にするのが仁である」

現代の人はいたずらに成功を急ぎ、苦労よりも利益を早く欲しがる傾向がある。孔子のこの「知」と「仁」の教訓を噛《か》みしめてほしい。

15 「水」も「山」もあわせ楽しむ人こそ最高の人

子曰《しいわ》く、知《ち》者《しゃ》は水を楽しみ、仁者は山を楽しむ。知者は

動き、仁者は静かなり。知者は楽しみ、仁者は寿《いのちなが》し。［雍也《ようや》］

これは孔子が山水を例にして、知者と仁者の相違を形容したものである。知者の気性は水に似ていて、それゆえ水を楽しむ。仁者の気性は山に似ていて、それゆえ山を楽しむと、二者を比較して形容した。

後の四句は前の二句の意味を受けている。知者はその才知を運用して楽しみ、水が流動して物を潤すようで、動いている。仁者は重厚で慈愛深く、山のようにどっしりとして草木禽獣《そうもくきんじゅう》（命あるものすべて）をその中で生育するようで、静かである。

また一方、知者は動いて功を成して楽しみ、仁者は重厚で山が崩れないようだ、だから寿命が長い。

荻生徂徠《おぎゅうそらい》の説では、

「〝知者は水を楽しみ、仁者は山を楽しむ〟の語句は孔子の言葉ではなく、おそらく古語を孔子が引用したもので、後の四句が、孔子の釈明であろう」

としている。

ところで、知者が必ず常に動いて水を楽しむ者、仁者が必ず常に静かにして山を楽しむ者ときめつけてしまってもいけない。知者だからといって動いてばかりいるものではなく、動中おのずから静があり、仁者だからといって静かにしてばかりいるものではなく、静中おのずから動があってよい。

理想をもっていえば、人は常に動いてばかりいて、水だけを楽しむ知者となってもいけないし、また常に静かにしてばかりいて、山だけを楽しむ仁者になってもいけない。水も山もあわせ楽しむ知仁兼備の人が望ましい。

16 「頭の中身」の総仕上げをする薬味

子《し》曰《いわ》く、君子《くんし》博《ひろ》く文《ぶん》を学び、これを約するに礼を以《もっ》てせば、また以て畔《そむ》かざるべきか。［雍也《ようや》］

『六芸《りくげい》』（六経《りくけい》ともいう。『易経《えききょう》』・『詩経《しきょう》』・『書経《しょきょう》』・『春秋《しゅんじゅう》』・『礼記《らいき》』・『楽経《がっけい》』の六書）

に記述してあるものを「文」という。道を学ぶには、まず広く六芸の文を学び多くの物を知らなければならない。

しかし、ただ広く学び多くを知っただけでは学とはいえない。広く学んだことを一つにとりまとめて礼をもってこれを自ら実行する。これができる人、そして道に背くことがない人を君子という。

人間はどんなに学問が広くても、礼をもって統一しなければ、いつか道に背き、その身を全《まっと》うすることができない。広く文を学んで物を知っているというだけで礼をわきまえない人は、政治家にも実業家にもたくさんいる。学問があってよく物を知っていても、礼をわきまえなかったために身を滅ぼした最も著しい例は、明治七年に佐賀の乱を起こして死刑となった江藤新平である。

江藤は佐賀の枝吉神陽《えだよししんよう》について政治学を修業したというが、なんでもよく物を識《し》った人で、私はいつもその博学に驚かされた。政治をすべての中心にすえて、礼のことなどは少しも念頭に置かなかった。いかに他人が迷惑しようがいっさい頓着《とんじゃく》せず、自分の言い出したことは是が非でも通そうとした人である。そのために、好んで理屈をこね回し、彼が司法卿であった時代にはみんな手こずったものである。

◆菅原道真《すがわらのみちざね》が〝天神さま〟になった第一の理由

菅原道真という人は、まったく江藤新平と反対で、和漢の学に精通し詩文にも堪能であったが、広く文を学んでこれを礼で統一していた。どんな失意の境地に立たされても、天をうらまず人をとがめず、常に自ら身をつつしみ、大宰権帥《だざいのごんのそつ》に左遷されても天朝に対して忠誠の心を失わず、まことに人の鑑《かがみ》であった。だから後世神として祭られ、関西・九州のいたるところに天満宮（天神さま）があり、人々に尊敬されているのである。

上杉謙信《けんしん》は武勇絶倫で兵略にも富んだ名将であるが、文にも長じていた。その武を誇らなかったと同時に、文を鼻にかけて人を見下すようなこともなかった人である。不倶戴天《ふぐたいてん》の敵武田信玄《しんげん》の死を聞いて、食事中の箸を投げ、

「信玄は年来の仇敵《きゅうてき》ではあるが、実に惜しいことをした。今見渡したところ坂東に信玄ほどの英雄はいない。信玄が死んでしまえば、坂東の弓矢（武士道）はこれによって衰える」

と嘆息し、ハラハラと熱い涙を流したと伝えられている。これは広く文を学び、し

かも礼に厚かったからである。

謙信と信玄との人物の相違点は、その学んだものを礼をもってまとめたかどうかにある。

信玄が今川や北条《ほうじょう》と仲たがいをして、食塩が甲州に入る道を絶たれ甲州の人民が大いに困ったときに、謙信は敵ながらも信玄に同情を寄せ、今川・北条のやり方は卑怯だとして、甲州に塩を送った。謙信がいかに礼に厚かったかがわかる。

これに反して信玄は、永禄《えいろく》元年五月、上杉・武田の和議が起こり、筑摩川《ちくまがわ》（千曲川）を隔てて両将が会見したとき、謙信は礼を重んじて自ら馬から降り、川岸へ床几《しょうぎ》を運んで会見しようとすると、信玄は礼を重んずる色もなく、「貴公の態度はいかにもうやうやしい。馬上から語ってもよかろうぞ」と放言し、すこぶる驕慢《きょうまん》な態度を示している。信玄が終わりを全うしなかった理由は、礼を軽んじていたからであろう。

実業家にとっても礼は大切なものである。一会社一商店を統率する地位にある者が、礼を忘れ礼を乱すようでは、とても部下を統率していけるものではない。部下の不始末は、その根源にさかのぼってみれば、上に立つ者に礼を欠く気風があるのが原因になっている。上《かみ》礼を重んじ、下《しも》また礼を重んじてはじめて統一ある事業が遂行できるのである。

17 あらゆる事態に即対処できる〝中庸〟法

子《し》曰《いわ》く、中庸《ちゅうよう》の徳たるや、それ至れるかな。民《たみ》久しきこと鮮《すくな》し。［雍也《ようや》］

人の行動は、過ぎることもなく、不足することもなく、平常の道を行くことを中庸という。この中庸の徳の価値は最善・至高である。ところが、この徳を長く守っていく者は少ない。まことに嘆かわしいことであると孔子は言う。

『論語』も『大学』も『中庸』もまた孔子の語録（『中庸』の作者は孔子の孫・子思《しし》であるが主要部分は孔子の語である）であるが、なかでも『論語』は実際の生活に触れた教訓ばかりを集めたものである。門人の語も載せてあるが、すべて実生活に応用できる内容で、千変万化《せんぺんばんか》、臨機応変、一つひとつが実際問題に臨んだ際の解決訓になっている。しかも指導は少しも堅苦しいところがなく、常識判断で十分に融通がきくようになっている。

このように物に触れ事に臨んで、どのようにも変化していき、しかも常識にはずれないのが、すなわち中庸の徳である。四書（『論語』・『孟子』・『大学』・『中庸』）の一つである『中庸』という書物の名とは、直接なんの関係もない。

孔子が中庸の徳を称賛して、完全無欠「それ至れるかな」と言ったのは、何事にもよらず中庸を得てさえおれば、けっして間違いの起こる心配がないからである。それにしても、実際に長く中庸を守ってこれを実行する人が少ないのは、まことに嘆かわしいことである。

18 人をよく引き立てる人に〝余慶〟あり

子貢《しこう》曰《いわ》く、もし博《ひろ》く民《たみ》に施し、而《しか》して能《よ》く衆《しゅう》を済《すく》う者あらば、何如《いかん》。仁《じん》と謂《い》うべきか。子《し》曰く、何ぞ仁を事《こと》とせん。

必ずや聖《せい》か。堯舜《ぎょうしゅん》もそれなお諸《これ》を病《や》めり。それ仁者は、己《おのれ》立たんと欲して而して人を立て、己達せんと欲して而して人を達す。能く近く譬《たとえ》を取る。仁の方《ほう》というべきのみ。【雍也《ようや》】

この項は前後二節に分けてみるとわかりよい。

前節は聖人の大事業で仁以上のことを言い、「それ仁者は……」以下の後節は、仁を行なう方法を言っている。

子貢が孔子に尋ねた。

「博く民に恩恵を施して大衆を救済する者がいたら、その人は仁者といえましょうか」

孔子は、

「それは一大事業だ。とてもただの仁者どころか、これができる人は聖人である。古代の聖天子堯や舜でさえ、これが十分にできるだろうかと常に心配していた」

と答えた。仁は生きていく徳目で、身に修めればこれを天下に施さなくても仁者といえる。子貢の質問は大事業に属するものだから、孔子はこれを仁者を超えた聖人のこととしたのである。

この項は『論語』の中心テーマといってもよいところである。

山鹿素行《やまがそこう》はこの項に重点をおき、朱子《しゅし》学の性理説を排斥し、仁の本体を性理の上に置かず仁の成果の上に置き、これを堂々と論じて『聖教要録《せいきょうようろく》』を書いたため、幕府の儒官林大学頭《はやしだいがくのかみ》から抗議されて罪となり、播州赤穂《ばんしゅうあこう》へ流された。

少なくとも、まともな学者なら山鹿素行だけでなく、みな広く民に施して衆を救い成果を上げるのが仁であるとしている。幕府は大学頭に正面から苦情を持ち込まれたので林家の顔を立てて、やむなく素行を赤穂の浅野家へお預けということにしたのである。

元来徳川家康は、山鹿素行と同じ功利説の張本人である。封建制度を徹底的に確立し、幕府の勢力を無限に伸張して不動のものにしようと考えた。そのために国内の平和繁栄を計り、万民を安んじさせるには、儒教を利用するのが最も賢明な手段であると考えたから儒官を置き、孔子教を尊敬鼓吹《こすい》するようにしたのである。つまり山鹿素行と同じで、広く民に施して衆を救う方針であった。素行の『聖教要録』が罪に問われる理由はまったくなかったのである。

◆家康一流の〝孔子〟の読み方・生かし方

家康の遺訓として世に知られる、

「人の一生は重き荷を負うて遠き道を行くがごとし、急ぐべからず」

の一句は、『論語』「泰伯篇《たいはく》」の、

「曾子《そうし》曰く、士《し》は以て弘毅《こうき》ならざるべからず。任重くして道遠し。仁以て己が任となす」

の文句を踏まえたもので、「任重くして道遠し」の一句を噛み砕いたのが「人の一生は重き荷を負うて遠き道を行くがごとし」である。

またこの遺訓の中には、『論語』「顔淵篇《がんえん》」の、孔子のいった「己の欲せざる所は人に施すこと勿《なか》れ」の語に基づいた一節もある。

これを見ると、家康はよく『論語』を読破し孔子の語を実際の処世法に応用したことがうかがい知られるのである。家康のように『論語』を読めば、『論語』はまさしく人々が実行できる人間の実生活の処世訓である。

家康は孔子教によって人心を善導し、封建制度を確立しようとしたが、士農工商の階級制度もまた孔子教の反映かというと、これは頼朝《よりとも》以来多年の封建制度が発達してきた自然の結果で、『論語』に農工商を圧迫する文字はない。治める者と治められる者の別を明確にしたのは、武断政治の常套《じょうとう》手段である。

徳川時代には人材を各階級より登用し、農工商の子弟でもその道に堪能な者をどしどし引き上げ、士分に取り立てている。

本項の後半は仁の方法を説いたものである。

「〝仁者はわが身をつねって人の痛さを知る〟という考えをもち、何事においても人に対するときは、これをわが身に置き換えて考えるものだ」という意味である。

真の仁者は自ら立とうと思ったら、まずその前に他人を引き立てることに骨を折り、いろいろ力を尽くしてやるものである。世の中はすべて他人を立てなければ、自分が立っていけるものでない。

維新の元勲《げんくん》木戸孝允はよく人を引き立てた。大久保利通もまた同じだ。伊藤博文があれほどまでになったのも、そもそも大久保の引き立てによるものである。山県有朋《やまがたありとも》は特に後進の引き立てに熱心だった。平田東助《とうすけ》内大臣が今日あるのも、清浦奎吾《けいご》が枢《すう》密院《みついん》議長となり内閣総理大臣となったのも、すべて山県の推挙であったことは世間の人はみな知っている。

昔から偉い人は、みなよく人を引き立てている。そうでなければ、自分も偉くなれるものでない。

解説

巨人・渋沢栄一の強烈なエネルギー源となった〝孔子の人生訓〟

竹内　均

この『孔子――人間、どこまで大きくなれるか』は、『人生の急所を誤るな！』（原著は明治四十五年（一九一二）に同文館から出版された『青淵百話』）、『つねに刺激を出し続ける人になれ！』（原著は昭和五年（一九三〇）に平凡社から出版された『渋沢栄一全集』）に続いて三笠書房から出版される、渋沢栄一の著書、第三弾である。この本の原著は、大正十四年（一九二五）に二松学舎出版部から出版された『論語講義』である。

著者の渋沢栄一については、この本でも折に触れて彼自身が語っている。また先の二冊でも私（竹内）も述べているが、繰り返しをいとわずにいえば、渋沢栄一は天保十一年（一八四〇）に現在の埼玉県深谷市大字血洗島《ちあらいじま》に生まれた。生家は農耕、養蚕、藍作りや藍玉の製造販売、金融などを生業としていた豪農であり、栄一は年少時から家業に従事し商才を発揮した。父が教育熱心だったせいで、子どもの頃から本好きで『論語』との出合いもこの頃であった。

若い頃の渋沢は尊王攘夷《そんのうじょうい》運動に共鳴し、文久三年（一八六三）に従兄の尾高新五郎らとともに、高崎城乗っ取り、横浜の外国人居留地襲撃を企てた。しかし実行は中止され、京都へ出た渋沢は代々尊王の家柄として知られていた一橋《ひとつばし》（徳川）家の慶喜《よしのぶ》に仕《つか》えた。

ところが慶応二年（一八六六）に、その慶喜が十五代将軍となったために、渋沢は進退に窮した。

その渋沢に、弟の昭武に従って万国博覧会に出席せよという命令が慶喜から下った。彼にとっては願ってもないチャンスであり、慶応三年（一八六七）一月から明治元年（一八六八）十一月に至る約二年間、彼はフランス・スイス・ベルギー・イタリア・イギリスなどをめぐって資本主義文明を学んだ。

このときの見聞によって得た産業・商業・金融に関する知識は、彼が後に資本主義の指導者として日本の近代化を推し進めるのに大いに役立った。

帰国してみると、慶喜はすでに大政を奉還し、静岡へ退いていた。そこで渋沢も静岡へ行き、静岡藩を主体として日本最初の株式会社といってよい「商法会所」を創立して成功を収めた。

この成功に注目した大隈重信の説得で、明治二年（一八六九）に彼は新政府へ移り、大蔵省に出仕した。しかし明治六年（一八七三）にはここを辞め、念願の民間ビジネスに力を注ぐことになる。長い放浪の後、ようやく彼は自分の行くべき道を見出したのである。

この年に彼は日本最初の近代的銀行である第一国立銀行を創設、間もなくその頭取に就任して以来四十数年間この職にとどまった。彼はまた多くの株式会社をつくり、他人にもその設立をすすめて力を貸した。ここに抄紙《しょうし》会社（後の王子製紙、一八七四）、東京海上保険（一八七八）、日本鉄道会社（一八八一）、共同運輸（後の日本郵船、一八八三）、大阪紡績（後の東洋紡、一八八四）、東京ガス（一八八五）、帝国ホテル（一八八七）、札幌ビール（一八八八）、石川島造船所（一八八九）などの株式会社が次々に誕生した。この間三井財閥の相談役も務めた。

明治十一年（一八七八）には東京商法会議所（後の東京商工会議所）をつくり、長い間その会頭を務めて、ビジネスマンの地位の向上と発展に努めた。

明治四十二年（一九〇九）の古稀《こき》（七十歳）の祝いを機会に、彼はすべての関係会社から引退し、大正五年（一九一六）には実業界から完全に身を引いた。それ以後彼は以前から関係していた病院・教育・国際関係などの社会・公共事業に専念した。

さてこの『論語』は、孔子とその弟子の言行や、孔子と弟子や時人との問答を記録したものであり、孔子の没後に収録・編集されたものである。その成立年代についてはさまざまな議論がある。わが国へは応神《おうじん》天皇十六年に百済《くだら》から王仁《わに》がもたらしたとされている。

孔子その人は、春秋《しゅんじゅう》時代の紀元前五五二年（一説には五五一年）、魯《ろ》国（現在の中国山東《さんとう》省曲阜《きょくふ》の近く）で生まれた。この魯国は、周《しゅう》王朝を開いた武《ぶ》王の弟の周公旦《こうたん》が開いた由緒正しい国であった。周公は紀元前十一世紀頃の人であり、兄の武王の死後は、その子の幼い成《せい》王を助けて周王朝の基礎を築いた。孔子は生涯この周公にあこがれ、晩年になって「周公の夢を見なくなった」と言って嘆いたほどである。

しかし当時の魯国は周囲の大国によって圧迫され、また下剋上《げこくじょう》の勢いが強く国内の秩序も乱れていた。父が魯国の武将だったこともあって、孔子も魯国の王室強化にさまざまな努力をしたが中途で失敗し、王とともに斉国《せい》へ亡命した。そこで聞いた音楽の見事さに感心して、孔子は「音楽がこれほどまでに美しいものだとは知らなかった」と語っている。

魯国の王室の強化という孔子の企ては最終的にも失敗し、弟子たちとともに孔子は再び亡命の旅に出た。衛《えい》、曹《そう》、宋《そう》、鄭《てい》、陳《ちん》、楚《そ》などの国を経て、再び魯へ戻るまでに、十四年にわたる流浪の旅が続いた。

こうして諸国をまわりながら、孔子は、道徳に基づいた新しい秩序を打ち立てるという理想を諸侯や貴族たちに説き、またそのための実権を得ようとした。しかし諸侯は儀礼的な待遇を与えたけれども、実権までは与えなかった。絶望した孔子が、遊説をあきらめて魯国へ戻ったのは、紀元前四八四年のことであり、すでに七十歳に近かった。この頃の孔子を皮肉って、「孔子一生就職難」といっている人もいるほどである。

帰国後の孔子は、その夢の実現を未来に期待して、青年たちの教育と彼らの推薦に専念するかたわら、儒教の経典と呼ばれる古記録の整理も行なった。亡くなったのは紀元前四七九年で、孔子七十三歳（紀元前五五一年生誕説では七十二歳）のときである。

釈尊《しゃくそん》に始まる仏教やキリストに始まるキリスト教とは違って、孔子に始まる儒教には宗教的色彩がない。孔子自身が「怪《かい》・力《りょく》・乱《らん》・神《しん》を語らず」（述而篇《じゅつじへん》）と言っていることからも、それがうかがわれる。

実際、渋沢栄一も儒教を宗教とは考えていない。儒教は倫理学といってよいものであり、さればこそ、その一派である朱子学が江戸時代を通じて徳川幕府の官学となったといってよい。幕末に生まれた渋沢が幼い頃から『論語』に親しんだのもこのためである。

では、なにゆえに『論語』が渋沢の行動規準となり得たのであろうか。渋沢自身の言葉を借りれば、次のようなことである。つまり、「ひと口に儒教といっても、『大学』もあるし、『中庸』もある。しかし『大学』は、その冒頭にあるように国の治め方（政治）に関する教訓を説くことに重点を置いていて、個人としての行動規準が語られているところが少ない。また『中庸』は、その内容が哲学的であって、一段高い視点から見た学問である。したがって個人の〝日常生活〟に密着した教訓とはなりにくい。

これに対して『論語』は、一言一句がすべて実際の日常生活に応用がきく。読めばすぐに実行できるような基本の道理を説いている。これが、私が儒教のうちでも特に『論語』を選んで、これを守り実践しようとする理由である」

このようにして、『論語』は渋沢の座右の書となり、人生の指南書となった。

ちょっと考えると、渋沢が関係した経済や事業と『論語』とはまるで関係のないもののように思われる。しかし、彼によればそうではない。そのことがこの本の中で「これでもか、これでもか」といった具合に語られている。さらに渋沢は次のように説く。

「私が実業界に身を委ねるようになったのは、国力を充実させ、国を富ませるためには、まず農工商、なかでも商工業を盛んにしなければならないと考えたからである。そこで資本を集めて各種の会社組織創設に尽力したのである。

そこで、会社をうまく経営するにあたって、いちばん必要な要素は会社を切り回す人材である。人材が得られないならば結局その会社は必ず失敗する。そこで私は、この銀行や各種会社の経営を成功させるためには、実際の運営にあたる人に、事業上だけでなく一個人として守り行なうべき規範・規準がなくてはならないと考えたのである。

このように考えるとき、日常の心得を具体的に説いた『論語』は、その基準にうってつけで、どう判断してよいか悩むときには『論語』の物差しに照らせば、絶対間違いはないと確信しているのである」

確かに本書でも第四章の5で、「富と貴《たっと》きとは、これ人の欲する所なり。その道を以《もっ》てこれを得ざれば、処《お》らざるなり。貧しきと賤《いや》しきとは、これ人の悪《にく》む所なり。その道を以てこれを得ざれば、去らざるなり」といっているが、実業家として深く肝に銘ずべき教訓であろう。

また、江戸時代には、士農工商といった身分差がやかましくいわれた。特に商業は最低の身分とされ、いかがわしい職業と見なされた。単純に考えると、人間が額に汗して働く農業が最も尊い職業であり、機械や頭脳と関係する工業は、そのぶんだけ尊さの落ちる職業である、という構造になるのであろう。

このように考える人から見ると、商業は頭や口先だけの働きであり、最も卑しい職業のように思われる。カール・マルクス（一八一八～一八八三）が『資本論』の中で展開している「剰余価値説」などもこの線に沿った考え方である。

この考えが誤っているということこそ、渋沢がこの『論語講義』の中で最も強調したかったことだと思う。

たとえば商業を含む経済の世界で、契約に違反したり、暴利を貪《むさぼ》ったりすれば、一度はそのことで利益を得るかもしれない。しかしそのことが世間に知れ渡れば、以後その人は人々からつまはじきにされ、その世界で生きていけなくなる。

こういう意味では、経済の世界ほど倫理や「人の道」と密着した世界はないといってよい。渋沢のこの本でも、そのことが力説されているのである。

この本の中で特に私の心を打つのは、第四章の11に出てくる、「夫子《ふうし》の道は、忠恕《ちゅうじょ》のみ」(孔子の道のポイントは「思いやり」である)と、第六章の12に出てくる、「これを知る者は、これを好む者に如《し》かず。これを好む者は、これを楽しむ者に如かず」という言葉である。

前者に出てくる「忠恕」は、仏教でいう「慈悲」やキリスト教でいう「愛」と同じことである。そしてこの「忠恕」は、「仁」を行なう方法として『論語』を一貫している一大精神なのである。

また後者は、私(竹内)が常にいっている「自己実現の人生こそ理想の人生である」に通じることである。つまり、私が自著に繰り返し書いてきたことであるが、好きなことをやって、それで食べられ、しかも人のために役立つような、そういう人生こそ自己実現の人生であり、同時にそれは「理想の人生」「最高の人生」にもなるのである。

先に述べたとおり『論語』は実学である。この実学を渋沢のいうように実践すれば、その「理想の人生」「最高の人生」を送ることはけっして難しいことではない。本書がその格好の一助となるであろうことを信じて疑わない。

本書は、小社より刊行された文庫本の新装版です。

渋沢栄一（しぶさわ・えいいち）
現在の埼玉県深谷市の豪農に生まれる。幕末の動乱期には尊皇攘夷論に傾倒、のちに一橋家に仕える。ヨーロッパ各国視察の経験をもとに、第一国立銀行（みずほ銀行の前身）をはじめ、500あまりの会社を設立。日本の資本主義的経営の確立に大いに貢献した。晩年は社会・教育・文化事業に力を注ぎ、東京高等商業学校（現一橋大学）等の設立を斡旋し、東京市養育院等の各種社会事業にも広く関係した。

竹内均（たけうち・ひとし）
福井県生まれ。東京大学名誉教授。理学博士。地球物理学の世界的権威。科学雑誌『Ｎｅｗｔｏｎ』の初代編集長として、青少年の科学啓蒙に情熱を傾けるかたわら、「人生の幸福」について深く探求し、著者一流の自己実現の具体的な方法を説く。主な編訳書に『自助論』『わが息子よ、君はどう生きるか』『渋沢栄一「論語」の読み方』（以上、三笠書房）、『向上心』（三笠書房《知的生きかた文庫》）など多数。

知的生きかた文庫

孔子《こうし》　人間《にんげん》、どこまで大《おお》きくなれるか

著　者　渋沢栄一《しぶさわえいいち》
発行者　押鐘太陽
発行所　株式会社三笠書房
〒一〇二-〇〇七二　東京都千代田区飯田橋三-三-一
電話〇三-五二二六-五七三四〈営業部〉
〇三-五二二六-五七三一〈編集部〉
http://www.mikasashobo.co.jp
印刷　誠宏印刷
製本　若林製本工場

ISBN978-4-8379-8463-4 C0130

知的生きかた文庫

超訳　孫子の兵法
「最後に勝つ人」の絶対ルール
田口佳史

ライバルとの競争、取引先との交渉、トラブルへの対処……孫子を知れば、「駆け引き」と「段取り」に圧倒的に強くなる！　ビジネスマン必読の書！

超訳　老子の言葉
「穏やかに」「したたかに」生きる極意
田口佳史

ベストセラーシリーズ第二弾！　仕事、人生に本当に役立つ「老子」の読み方、生かし方！　せち辛い世の中を賢く生き抜くために、これだけは知っておきたいこと。

超訳　般若心経
〝すべて〟の悩みが小さく見えてくる
境野勝悟

般若心経には、〝あらゆる悩み〟を解消する知恵がつまっている。小さなことにとらわれず、毎日楽しく幸せに生きるためのヒントをわかりやすく〝超訳〟で解説。

禅、シンプル生活のすすめ
枡野俊明

求めない、こだわらない、とらわれない――「世界が尊敬する日本人100人」に選出された著者が説く、ラク～に生きる人生のコツ。開いたページに「答え」があります。

吉田松陰
「人を動かす天才」の言葉
楠戸義昭

幕末に松下村塾を主宰して、有能な志士たちを世に送り出した希代の教育者・吉田松陰。その「まっすぐで力強い生き方」が伝わる、珠玉の言葉集。

C50258